国家社会科学基金《网络环境下科技型中小企业开放式融资模式研究》（14CJY072）项目资助

网络环境下科技型中小企业开放式融资模式研究

张鲁秀　等著

中国财经出版传媒集团

经济科学出版社

Economic Science Press

图书在版编目（CIP）数据

网络环境下科技型中小企业开放式融资模式研究／
张鲁秀等著．—北京：经济科学出版社，2019.8
ISBN 978 - 7 - 5218 - 0764 - 6

Ⅰ.①网…　Ⅱ.①张…　Ⅲ.①高技术企业 - 中小
企业 - 企业融资 - 研究 - 中国　Ⅳ.①F279.244.4

中国版本图书馆 CIP 数据核字（2019）第 172035 号

责任编辑：申先菊　赵　悦
责任校对：王肖楠
版式设计：齐　杰
责任印制：邱　天

网络环境下科技型中小企业开放式融资模式研究

张鲁秀　等著

经济科学出版社出版、发行　新华书店经销
社址：北京市海淀区阜成路甲 28 号　邮编：100142
总编部电话：010 - 88191217　发行部电话：010 - 88191522
网址：www. esp. com. cn
电子邮件：esp@ esp. com. cn
天猫网店：经济科学出版社旗舰店
网址：http：// jjkxcbs. tmall. com
北京季蜂印刷有限公司印装
710×1000　16 开　14 印张　200000 字
2019 年 8 月第 1 版　2019 年 8 月第 1 次印刷
ISBN 978 - 7 - 5218 - 0764 - 6　定价：86.00 元
（图书出现印装问题，本社负责调换。电话：010 - 88191510）
（版权所有　侵权必究　打击盗版　举报热线：010 - 88191661
QQ：2242791300　营销中心电话：010 - 88191537
电子邮箱：dbts@ esp. com. cn）

本书是国家社会科学基金项目《网络环境下科技型中小企业开放式融资模式研究》（项目编号：14CJY072）资助的最终研究成果以及山东省自然科学基金项目《基于网络嵌入的科技型中小企业融资信用信息共享研究》（ZR2017BG018）、山东省社科基金项目（18CCZJ25）的阶段性研究成果之一

伴随着互联网技术及互联网金融的蓬勃发展，作为国民经济发展重要支撑的科技型中小企业的融资难问题成为社会关注的焦点。一方面，互联网及网络金融的发展为科技型中小企业融资提供了更多选择；另一方面，科技型中小企业因其轻资产、高风险等特性依然面临严峻的融资难题。究其根源，主要还是存在信息不对称。如何将资金供需方有效对接，科技型中小企业融资信息不对称如何调整，成为当前亟待解决的重要现实问题，也是本书研究目的之所在。因此，本书在理论分析的基础上构建了科技型中小企业开放式融资模式。该模式旨在从理论上建立一种由多元化主体参与的风险分散与分担机制，即要打破传统点对点线性融资链条模式，构建包括传统金融机构和互联网金融机构及担保公司在内的多主体参与的，线上线下整合信息共享的融资模式。在理论分析的基础上，综合运用专家分析等方法确定关键影响因素，运用演化博弈理论对其演化进行分析，进而进行多主体建模与仿真，并提出该模式的实施建议。这对于解决信息不对称，降低融资成本，提高融资效率，破解科技型中小企业成长过程中的融资困境，实现可持续成长具有较强的实践价值。

本书的主要研究内容概括如下。

第一，科技型中小企业融资困境及破解思路。该部分主要是通过探讨科技型中小企业发展现状及其融资需求特征，分析导致科技型中小企业融资困境的根源所在。在此基础上，探讨互联网环境下的新变化、新思维对传统科技型中小企业融资产生的影响，进而提出：互联网环境下，科技型中小企业开放式融资是破解其融资困境的有效途径。该部分还整合网络融资模式的信息优势及传统模式的成熟优势，构建科技型中小企业开放式融资模式及研究的整体框架，并对相关内容进行了概述性的说明。

第二，科技型中小企业开放式融资理论及文献可视化分析。在对传统融资理论与方式及互联网背景下的融资研究进行分类梳理的基础上，运用信息经济学和信贷配给等融资理论比较分析传统融资模式与网络融资模式，研究网络环境下融资模式的变革。运用Citespace对相关文献进行可视化分析，揭示研究热点及研究趋势，为后续研究奠定基础。

第三，科技型中小企业开放式融资主体及要素甄选。在前述理论分析的基础上，从融资特征、契合关系方面对科技型中小企业开放式融资模式的可行性进行梳理。进而利用复杂适应系统、网络平台理论等对科技型中小企业开放式融资模式的构成主体，以及主要构成因素进行理论提炼。通过对我国科技型中小企业的问卷调查，按照专家分析、隶属度分析、相关性分析、重要性分析的基本逻辑，甄选得到科技型中小企业开放式融资模式的主要构成要素。

第四，科技型中小企业开放式融资模式结构设计及作用机制。开放式多边融资模式是以平台为中心，形成企业、科技、金融等多方主体共同参与的共生商业生态系统。课题依据社会网络理论、融资理论、信息经济学理论、演化博弈理论等，探析开放式多边融资模式的内在运行机制，对其盈利机制、信用机制、风险机制、参与机制进行分析。

第五，科技型中小企业开放式融资模式演化分析。课题在梳理演化博弈理论的基础上，基于该理论提出并形成了科技型中小企业开放式融资的演化模型，以期揭示在互联网环境下科技型中小企业融资的基本规律和演化稳定策略，为科技型中小企业开放式融资平台的有效运行提供有益的借鉴。

第六，科技型中小企业开放式融资模式仿真。在简要梳理多主体建模与仿真（Agent–based Model，ABM）主要内容的基础上，说明该方法适用于科技型中小企业开放式融资分析的基本依据。基于前述理论分析，进一步提出了科技型中小企业开放式融资模式的仿真分析步骤，构建了科技型中小企业开放式融资模式的仿真模型，模拟了不同演化条件下的科技型中小企业开放式融资系统的演化过程，探索了科技型中小企业开放式融资模式的运行特征与规律。

第七，开放式融资模式实施对策研究。根据前述理论分析，以及实证检验结果，提出了构建开放式融资模式的主要策略和相关建议：①政府应完善金融服务的激励机制和政策，引导科技融资平台的建立；②传统金融机构（如大型银行）应转变观念及管理模式并进行金融创新，积极发展中小银行、小贷公司等，开拓网上市场；③构建信息共享机制，加强电商之间及电商与传统金融机构的合作；④构建多层次资本市场，放宽准入条件；⑤提高中介质量，规范民间金融等；⑥建立和制定完善的信用、监管制度与政策，优化融资环境等措施，各方努力共同打造多方参与互惠的一体化开放式融资模式；⑦加强对互联网金融的监管。

综合研究内容，本书主要创新点归纳如下。

第一，构建科技型中小企业开放式融资模式。从理论上建立一种由多元化主体参与的风险分散与分担机制，即要打破传统点对点线性融资链条模式，构建包括传统金融机构和互联网金融机构及担保公司在内的多主体参与的，线上线下整合信息共享的融资模式。该融资模式通过信息技术手段的应用，实现共享融资信息，有效降低融资成本，提高融资效率，极大地解决信息不对称问题，并能有效避免企业多头恶意融资等行为。

第二，创新性地在融资研究中使用演化博弈及多主体建模与仿真等研究方法。创新性地将演化博弈与共同演化方法及理论应用到开放式融资模式演化规律分析过程中，使关于融资模式的研究从原有的静态研究进入动态研究。创新性地提出了科技型中小企业开放式融资模式的仿真分析步骤，构建了科技型中小企业开放式融资模式的仿真模型，模拟了不同演化条件下的科技型中小企业开放式融资系统的演化过程，探索其运行特征与规律。

第三，提出开放式融资模式实施的策略体系。依据理论分析以及实证检验结果，提出了实施开放式融资模式的主要策略和相关建议，有助于网络环境下科技型中小企业开放式融资模式的顺利实施。

本书在国家社科基金结题报告的基础上进行了修改完善，更新了部分数据，是国家社会科学基金《网络环境下科技型中小企业开放式融资模式研究》（14CJY072）最终研究成果以及山东省自然科学基金项目《基于网络嵌入的科技型中小企业融资信用信息共享研究》（ZR2017BG018）、山东省社科基金项目（18CCZJ25）的阶段性研究成果之一。本书得到济南大学出版基金资助，在此表示诚挚的谢意。特别感谢恩师山东大学张玉明教授、杨蕙馨教授，济南大学李光红教授、徐伟教授、邢乐成教授，在课题论证、研究及最终写作和出版过程中对作者的悉心指导和帮助。感谢对课题研究提供支持的相关政府部门和受调企业。感谢作者的家人、同事的大力支持和鼓励。本书在写作过程中参考了国内外相关学者的研究成果，已在文中尽可能地标注引用，如果有遗漏或不妥之处恳请谅解。本书在张鲁秀博士的主持下完成，齐鲁工业大学刘德胜博士、中国海洋大学刘睿智博士、北京物资学院陈前前博士、山东大学博士研究生张远远等作为主要成员参与了课题研究与本书的撰写工作。另外，济南大学硕士研究生郭凤娥、高长兴、张文静、李靖莹、李英等也参与了部分内容的撰写。校对由张鲁秀、李靖莹负责，全书最终定稿由张鲁秀完成。

特别感谢经济科学出版社的领导、编辑和专家对本书在编辑和出版方面所付出的辛勤劳动和热情帮助，并提出很多非常宝贵的建设性意见。由于作者水平有限，书中难免有错漏、不妥之处，敬请各位前辈、同仁批评指正，以便我们在今后的研究中不断成长和提高。

张鲁秀　博士

济南大学商学院 副教授/硕导

2019 年 6 月于济南大学舜耕校区

目录 // CONTENTS

第 *1* 章

科技型中小企业融资困境及破解思路

企业是社会经济发展的重要组成部分，为一国经济发展做出巨大贡献。而经营灵活的科技型中小企业的发展能够保持市场活力、提升就业水平、调整产业结构，进而推动经济发展。在落实创新驱动发展战略的进程中，科技型中小企业为我国经济社会发展提供了重要支撑。随着技术更新换代速度的不断加快，外部环境的不确定性、复杂性迅速增强，科技型中小企业面临更加激烈的市场竞争，其实现可持续成长面临更严峻的挑战。

科技型中小企业存在轻资产、信用记录缺失、经营风险大等问题，难以得到资本市场的青睐，其融资难题由来已久。随着互联网技术的发展，其快速、民主、公平、无延时性等特征使得身处不同位置的人能够轻松地获得海量信息，并且借助网络的甄别功能和自动纠错功能，去伪存真。科技型中小企业融资相关主体利用互联网获得需要的信息，据此形成互联网基础下的科技型中小企业融资体系，这将会极大地促进企业融资渠道的拓展以及风险的分散，并借助网络将更多的融资者和投资者连接，形成更加密集的网络关系。因此，如何借助互联网构建网络环境下科技型中小企业开放式的融资模式成为重要研究命题。

1.1 科技型中小企业融资难题与根源分析

科技型中小企业轻资产、信用记录缺失、经营风险大等问题极大地限制了企业自身的融资能力。本节对科技型中小企业融资现状、融资需求及特征等进行分析,探求其融资难的根源。

1.1.1　我国科技型中小企业的融资现状

中小企业的融资问题一直是学术界研究的焦点问题。现阶段,针对我国科技型中小企业融资的研究逐渐增加,中小企业的融资的政策支持也在日益增长,支持力度逐步加大。社会和政府都希望支持科技型中小企业的发展来实现国民经济的转型发展,促进创新型经济在国民经济中所占的比例。

1. 宏观融资环境分析

自 2012 年以来,金融部门从政策角度出发,采取了各种较为细化的中小企业发展的金融支持政策,各银行加大了对中小企业的信贷投入,如表 1 - 1 所示。例如,民生银行推出了针对小微型企业的信用型贷款,早在 2013 年,民生银行针对小微企业的贷款已经突破了 4000 亿元①,对中小微型企业的融资起到了关键的推动作用。金融部门针对中小企业的金融服务水平进一步提高,不仅设立中小企业信贷部,很多银行还设立了科技银行专门针对科技型中小企业发放贷款,给科技型中小企业的贷款带来了便利。此外,建立中小企业信贷担保体系。全国各省(区市)已建立多个信用担保机构,为中小企业的贷款提供担保,同时还设立多个科技型中小企业的技术创新基金以支持科技型中小企业快速发展。2014 年 3 月 20 日,人民银行发布《关于开办支小再贷款支持扩大小微企业信贷投放的通知》,运用信贷政策支持再贷款,引导信贷机构加大对中小微型企业的贷款支持力度②;4 月 11 日,财政部等多个部委发布《中小企业发展专项资金管理暂行办法》,采用专项资金,运用业务补助、代偿补偿、购买服务、奖励创新等支持方式,对中小企业信用担保机构、再担保机构进行支持③;4 月 14 日,国家推出了新三板股权交易系统,为企业提供新的融

---

① http://www.cmbc.com.cn/jrms/msdt/mtgz/2014/05/28654865 - 1007750.htm.
② http://www.pbc.gov.cn/zhengcehuobisi/125207/125227/125963/2806637/index.html.
③ http://jjs.mof.gov.cn/zhengwuxinxi/zhengcefagui/201507/t20150728_1385975.html.

资平台，年内多次降息降准，降低中小企业融资成本。可见，为了缓解中小微型企业的融资困境，金融部门从政策层面进行了很多尝试，也在一定程度上缓解了中小微企业的融资困难。2015 年 3 月 6 日，《中国银监会关于 2015 年小微企业金融服务工作的指导意见》中指出，商业银行要认真贯彻落实《国务院关于扶持小型微型企业健康发展的意见》《国务院办公厅关于多措并举着力缓解企业融资成本高问题的指导意见》和相关监管政策要求，及时清理收费项目，进一步规范对小微企业的服务收费。要在建立科学合理的小微企业贷款风险定价机制的基础上，努力履行社会责任，对诚实守信、经营稳健的优质小微企业减费让利。要缩短融资链条，清理各类融资"通道"业务，减少搭桥融资行为①。由此可见，国家高度重视小微企业发展，为其发展提供政策支持，规范融资行为，促进小微企业健康发展。2016 年 8 月 2 日，工信部、财政部、人民银行、银监会发布《关于组织申报产融合作试点城市的通知》，要求试点城市的金融机构开发适合"双创"的金融产品。随着"双创"政策落地，类似地针对中小企业的创新金融服务和产品将会越来越多②。2017 年 1 月 12 日，发布《中国人民银行关于全口径跨境融资宏观审慎管理有关事宜的通知》，通过多种融资模式借入境外低成本资金，增强市场竞争力，有效缓解"融资难、融资贵"的问题③。《中华人民共和国中小企业促进法》（2017 年 9 月 1 日修订）中提到，"国家健全多层次资本市场体系，多渠道推动股权融资，发展并规范债券市场，促进中小企业利用多种方式直接融资"④。可见，国家针对融资渠道单一的问题提供了法律保障及支持，多渠道推动股权融资，规范市场大环境，为中小企业发展提供制度保障。2018 年 11 月，中国银行发布《支持民营企业二十条》，中国银行董事长对此发表意见，他说："短期内，要着重为民营企业'输血'，通过风险可控的续贷、债务重组等再融资方式，帮助暂时困难的民营企业走出困境，并继续加大信贷支持力度，降低企业融资成本；中

---

① http://www.cbrc.gov.cn/chinese/home/docDOC＿ReadView/C81E4277CCB5454CB6A 8A440E384F32A. html 中国银监会.

② http://bank.hexun.com/2016－08－11/185460585.html.

③ https://wenku.baidu.com/view/b2a1cb31ff4733687e21af45b307e87100f6f86d.html.

④ law1.law-star.com/FxShowShare?uuid＝8957e1fecef379472b5f092c29487b30 中国法律检索系统.

长期看，要着力提升民营企业的'造血'能力①。""造血"能力是企业发展的重要保障，作为民营企业代表的中小企业，各方都高度重视及支持其发展，银行更是大力支持。2019 年 4 月发布的《关于促进中小企业健康发展的指导意见》为破解"融资难、融资贵"问题，提出"进一步落实普惠金融定向降准政策。加大再贴现对小微企业支持力度，重点支持小微企业 500 万元及以下小额票据贴现。将支小再贷款政策适用范围扩大到符合条件的中小银行（含新型互联网银行）。将单户授信 1000 万元及以下的小微企业贷款纳入中期借贷便利的合格担保品范围"②。此次降准政策放宽融资门槛，将更多符合条件的企业囊括进来，帮助更多中小企业进一步破解"融资难、融资贵"问题，在金融政策方面给予支持，促进中小企业健康发展。

表 1－1　　　　　　　　2014—2019 年中小企业融资政策汇总

发布日期	政策文件	内容
2014 年 3 月 20 日	《关于开办支小再贷款支持扩大小微企业信贷投放的通知》	运用信贷政策支持再贷款，引导信贷机构加大对中小微型企业的贷款支持力度
2014 年 4 月 11 日	《中小企业发展专项资金管理暂行办法》	采用专项资金，运用业务补助、代偿补偿、购买服务、奖励创新等支持方式，对中小企业信用担保机构、再担保机构进行支持
2015 年 3 月 6 日	《中国银监会关于 2015 年小微企业金融服务工作的指导意见》	商业银行要认真贯彻落实《国务院关于扶持小型微型企业健康发展的意见》《国务院办公厅关于多措并举着力缓解企业融资成本高问题的指导意见》和相关监管政策要求，及时清理收费项目，进一步规范对小微企业的服务收费。要在建立科学合理的小微企业贷款风险定价机制的基础上，努力履行社会责任，对诚实守信、经营稳健的优质小微企业减费让利。要缩短融资链条，清理各类融资"通道"业务，减少搭桥融资行为
2016 年 8 月 2 日	《关于组织申报产融合作试点城市的通知》	要求试点城市的金融机构开发适合"双创"的金融产品。随着"双创"政策落地，类似的针对中小企业的创新金融服务和产品将会越来越多，中小企业应该紧盯政策，及时抓住这方面的融资机遇

---

① http://www.gov.cn/zhengce/2018 - 12/17/content_5349769.htm.

② http://www.hnsjct.gov.cn/sitesources/hnsjct/page_pc/xwtt/articleedeacdcf16e5465ea3 8a6913d2bd0296.html.

续表

发布日期	政策文件	内容
2017 年 1 月 12 日	《中国人民银行关于全口径跨境融资宏观审慎管理有关事宜的通知》	通过多种融资模式借入境外低成本资金，增强市场竞争力，有效缓解"融资难、融资贵"问题
2017 年 9 月 1 日	《中华人民共和国中小企业促进法》（修订）	国家健全多层次资本市场体系，多渠道推动股权融资，发展并规范债券市场，促进中小企业利用多种方式直接融资
2018 年 11 月	《支持民营企业二十条》	短期内，要着重为民营企业"输血"，通过风险可控的续贷、债务重组等再融资方式，帮助暂时困难的民营企业走出困境，并继续加大信贷支持力度，降低企业融资成本；中长期看，要着力提升民营企业的"造血"能力
2019 年 4 月	《关于促进中小企业健康发展的指导意见》	进一步落实普惠金融定向降准政策。加大再贴现对小微企业支持力度，重点支持小微企业 500 万元及以下小额票据贴现。将支小再贷款政策适用范围扩大到符合条件的中小银行（含新型互联网银行）。将单户授信 1000 万元及以下的小微企业贷款纳入中期借贷便利的合格担保品范围

这些政策的发布及实施都为科技型中小企业融资难问题的解决提供了制度保障和政策支持，也体现了国家层面的重视。但是，在政策的具体实施过程中依然缺乏可操作性规范，使其实施效果无法达到预期。

2. 科技型中小企业实际融资状况分析

从科技型中小企业的实际融资状况来看并不理想，相关统计数据显示，融资问题仍然是当前科技型中小企业发展的最大"瓶颈"[①]，有 70% 以上的科技型中小企业的新增资金来源主要是通过自身积累，90% 以上的科技型中小企业存在资金缺乏的问题。2015—2016 年，课题组根据我国中小企业的分布情况，在北京、天津、上海及广东、山东等中小企业相对密集和活跃的地区开展了问

---

① 唐雯，陈爱祖，饶倩. 以科技金融创新破解科技型中小企业融资困境 [J]. 科技管理研究，2011（7）：1-5.

卷调查。本次调查共发放问卷 745 份，实际回收问卷 518 份，剔除大量信息缺失的问卷，有效问卷为 290 份。调研结果如下。

（1）资金缺口较大，融资成本较高。我国科技型中小企业发展的资金缺口相对较大，42.15% 的被调查企业存在较为严重的融资缺口，资金缺口很小的企业占比仅为 10.37%（见图 1-1）。

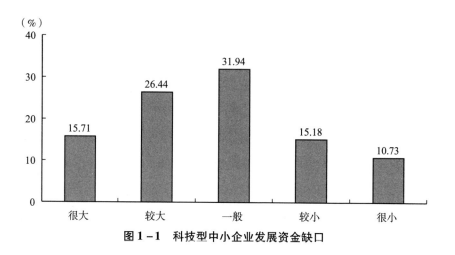

图 1-1　科技型中小企业发展资金缺口

尽管科技型中小企业的发展资金缺口较大，但是它们对融资的需求总量相对较小，37.4% 的受访企业对资金的需求规模在 100 万元以内，38.46% 的企业融资需求超过 500 万元（见图 1-2）。

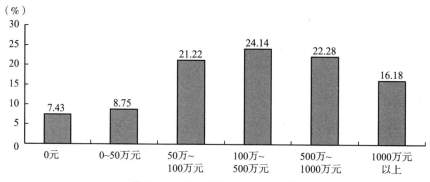

图 1-2　企业对资金的需求规模

从科技型中小企业借款成本角度来看，我国科技型中小企业借款的平均年化利率主要在 10% 以内的水平，约占被调查企业总数的 61.69%，超过 35% 的被调查企业的融资成本在 10% 以上（见图 1 - 3）。

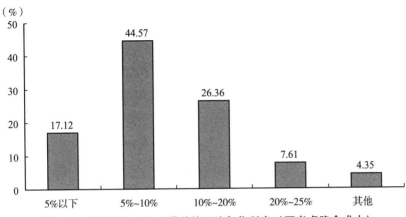

图 1 - 3　科技型中小企业借款的平均年化利率（不考虑隐含成本）

对融资成本结构进行的调研显示，科技型中小企业的综合融资成本的销售比重主要在 10% 以内的水平，约占被调查企业总数的 64.21%，接近 14% 的被调查企业反映综合融资成本在融资额中的比重超过 12%（见图 1 - 4）。

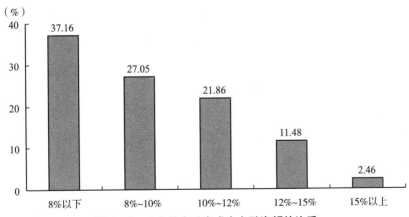

图 1 - 4　企业综合融资成本占融资额的比重

从科技型中小企业可承受的年利率水平来看，科技型中小企业更希望融资的年利率水平在 10% 以内，占到总样本的 76.39%。其中，32.36% 的受访企业希望年利率水平在 5% 以内，只有少量企业可以承受年利率 10% 以上的融资成本（见图 1 - 5）。

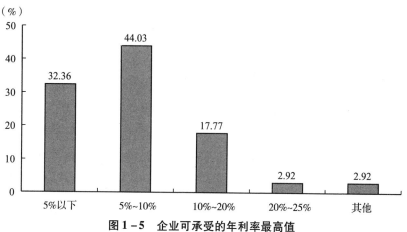

（%）

图 1 - 5　企业可承受的年利率最高值

基于以上情况而言，科技型中小企业实际获得融资成本远超过其对获取融资可以承受成本的预期，某种程度上反映出我国的科技型中小企业还存在一定的融资难和融资贵的问题。

（2）资金来源渠道单一，直接融资比重低。从受访企业的情况来看，尽管科技型中小企业从银行等金融机构贷款很困难，但银行、农信社（农商行）等是主要的融资渠道（见图 1 - 6），其他的融资渠道还有民间金融、小额贷款公司等，但所占比重非常低。在一定程度上，加快其他融资渠道的建设，拓宽科技型中小企业的融资渠道，对突破其融资约束将有重要作用。

从受访企业 2014—2016 年的数据来看，它们获得直接融资的额度普遍偏小。约 32.88% 的受访科技型中小企业直接融资额不到 100 万元，直接融资额度超过 1000 万元的科技型中小企业仅为 7.88%（见图 1 - 7）。

按照信用程度，分析科技型中小企业贷款类型。受访企业多采用信用贷款和抵押贷款的方式，部分科技型中小企业采用了多种方式相结合的贷款策略，如信用贷款与抵押贷款组合、信用贷款与保证贷款组合、信用贷款与质押贷款组合等（见图 1 - 8）。

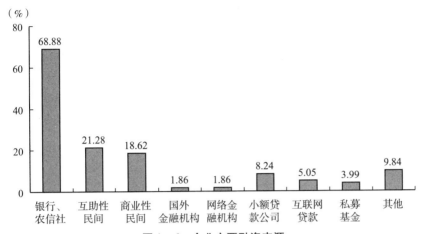

图 1-6　企业主要融资来源

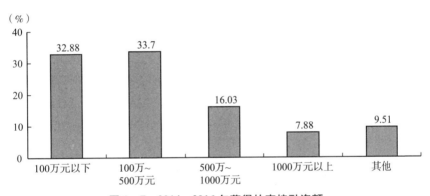

图 1-7　2014—2016 年获得的直接融资额

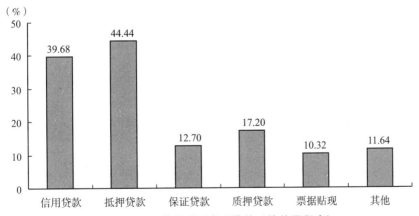

图 1-8　企业获得过哪类型贷款（按信用程度）

（3）借款期限错配。借款期限错配是中小企业融资中的普遍现象，即科技型中小企业希望的借款周期与资金提供方实际允许的借款周期不一致问题。科技型中小企业可以获得的贷款周期主要是 1 年以内的短期借款，可以获得超过 1 年以上的企业占比为 27.60%（见图 1 - 9）。根据对受访企业的调查，约 67.10% 的受访企业希望获得超过 1 年的贷款支持（见图 1 - 10），所以存在较为明显的借款期限错配问题。

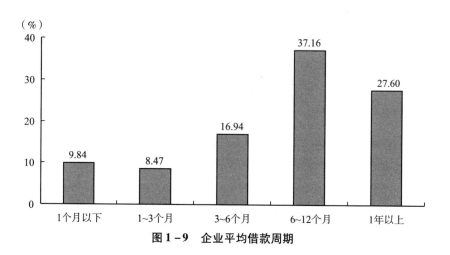

图 1 - 9　企业平均借款周期

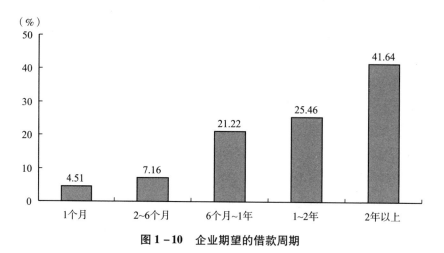

图 1 - 10　企业期望的借款周期

从科技型中小企业申请借款到资金到位，一般需要 15 ~ 60 天的时间。

37.85%的受访企业表示，15 天以内资金都可以到账（见图 1－11）。从某种程度来说，科技型中小企业获得资金的速度还是相对较快的。

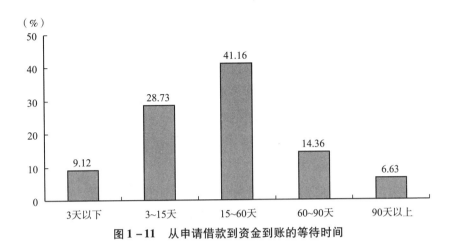

图 1－11　从申请借款到资金到账的等待时间

（4）抵押物错配。由于科技型中小企业大多属于轻资产行业，缺少足够的实物抵押，无形资产、知识产权等又难以被多数传统金融机构接受，所以一定程度上就存在所谓的抵押物错配问题。根据问卷调查结果，抵押担保是较多使用的一种担保方式，占 38.40%，再一种就是担保公司担保方式，约占比重为 23.20%，联保、保证保险、产权质押则是较少被使用的（见图 1－12）。进一步的细化分析发现，厂房、机器设备等固定资产是使用最多的抵押物，占到

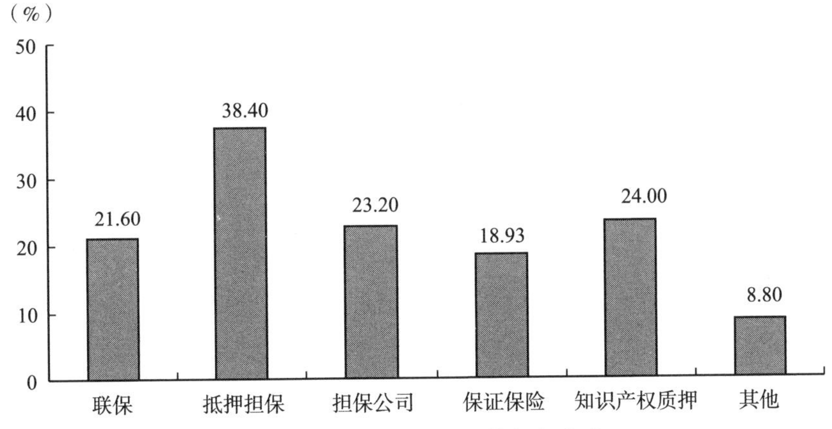

图 1－12　企业希望使用的担保方式

受访企业总量的 40.63%，而无形资产、存货、知识产权质押的占比分别为：14.51%、16.89%、18.21%（见图 1 - 13）。一定程度上反映出，抵押物错配问题也使得科技型中小企业很难从传统金融机构获得贷款。

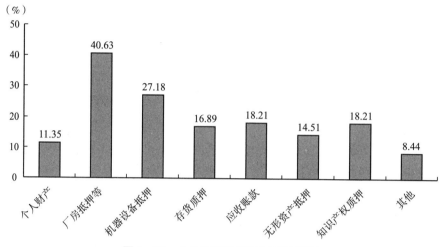

图 1 - 13　企业希望用何种财产做抵押

（5）手续复杂，无抵押物，借款周期长。从受访企业的实际情况来看，它们反映最多的三个因素是：手续复杂、无抵押物和借款周期长（见图 1 - 14）。

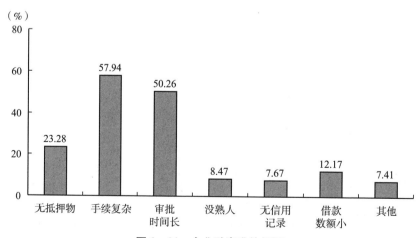

图 1 - 14　企业融资难的根源

其中，57.94% 的受访企业认为手续复杂是融资难的主要因素，23.28% 的受访企业认为是没有抵押物，50.26% 的受访企业认为是审批周期长。另外，还有部分受访企业提到了银行内部没有熟人、缺乏信用记录、借款数额小等因素。

为了解科技型中小企业融资状况的变化，在课题结题后，课题组调整调研问卷，在 2018—2019 年对全国中小微企业进行问卷调查。本次调查共发放问卷 6000 份，实际回收问卷 2920 份，剔除大量信息缺失的问卷，有效问卷为 1200 份。虽然样本及调查内容与 2015—2016 年的调查不完全相同，但是也能在一定程度上客观反映近几年我国中小企业融资发展的状况。

中小企业的融资环境得到一定程度的改善，但融资难题依然存在。在本次调查中，中小企业的融资来源更加丰富（见图 1-15），除自有资金之外，银行贷款依然是资金的主要来源，信用融资、网络融资及企业间融资等方式的应用也都有所提高。

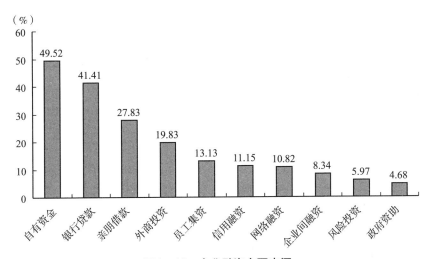

图 1-15　企业融资主要来源

中小企业融资有多种担保方式，其中，借助担保公司的方式在企业融资中起到了举足轻重的作用，高达 40.77% 的公司在其融资过程中选择了担保公司（见图 1-16），担保公司的高效性及其只考察公司经营状况而不需抵押的形式受到了众多中小企业的青睐。其次，抵押担保也凭借其简单快速的融资模式占据了融资市场 1/3 的份额。其他的担保方式如联保、保证保险占据了约 40%，至于知识产权抵押以及其他抵押模式则由于其明显的弊端在市场中只占有很小的份额。

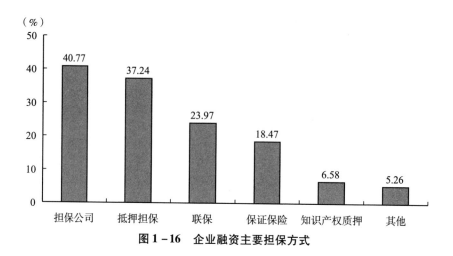

图 1 - 16　企业融资主要担保方式

调查结果显示，中、农、工、建、交五大银行依然是企业主要的融资来源。另外，超过 60% 的企业选择了商业以及地方性银行和其他融资机构（见图 1 - 17），融资来源及融资渠道更加丰富。其中，其他金融机构所占比重最低，约为 9.84%。可见，中小企业选择其他金融机构的行为不多。

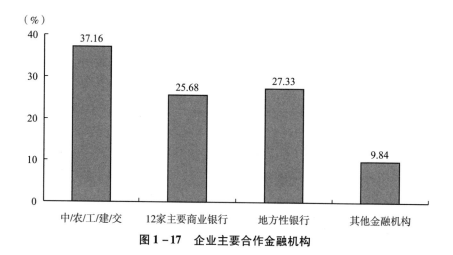

图 1 - 17　企业主要合作金融机构

根据统计结果（见图 1－18），中小企业的融资成本并没有显著下降，依然有约 70% 的企业平均综合融资成本在 20% 以下。结合前述研究内容分析可以得到，只有很少量的企业可以承受利率 10% 以上的融资成本，再加上公司运营、赔付等支出，综合融资成本达到 20%，高于这个数字，企业较不愿承受。另外，还有 29.84% 的企业平均综合融资成本在 20% 以上，说明企业依然存在融资贵的问题。

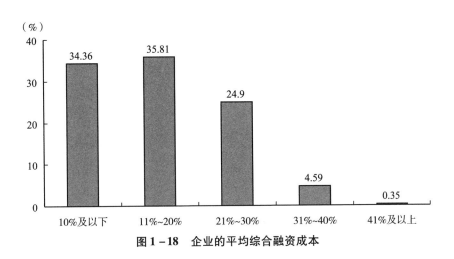

图 1－18　企业的平均综合融资成本

资金到账正趋向于越来越高效迅速的趋势（见图 1－19），到账时间比以往缩短很多。3 天及以下放款的融资达到了 23.27%，当然，36.52% 的融资放款时间还停留在 16～30 天，还有 1.64% 的融资需要两个月以上的时间才能放款，说明融资机构的放款审批以及流程需要更完善、更快速。

企业认为融资过程中存在的问题与上次调查相比有所变化，调查结果显示（见图 1－20），财务问题以及审核过程较为严格等是反映比较突出的问题。约有 43.75% 的企业认为融资难是由于财务问题，约有 39.75% 的企业认为融资难是由于审核严格。此外，抵押方面和风险问题也是融资难问题的原因所在。因此，中小企业经营者在经营过程中更要注意财务安全以及财务规范，同时也要注意合理规避风险、诚信经营、注重企业法人及股东的诚信问题。

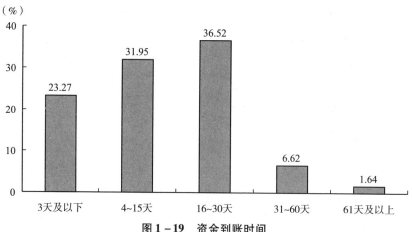

图 1 - 19　资金到账时间

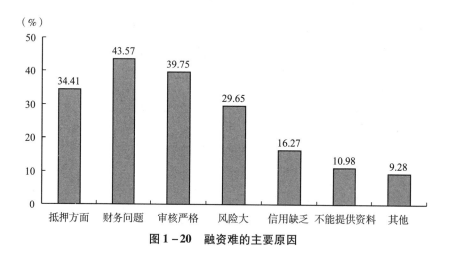

图 1 - 20　融资难的主要原因

1.1.2　我国科技型中小企业融资问题根源

　　通过前述对科技型中小企业的融资现状与特征的分析可以看出，导致科技型中小企业融资难的因素较多。为了更好地揭示问题产生的根源，在前述分析科技型中小企业融资现状、特征的基础上，进一步对融资难的问题产生的原因进行了分析。

1. 科技型中小企业融资难问题的成因分析

根据实地调研结果，多数科技型中小企业表示并没有享受到融资优惠。很大一部分企业对相关的优惠政策并不了解，有的企业甚至认为不会有这方面的政策。另外，有的企业表示，想了解有关的优惠政策，但是不知道从哪里可以获取到类似的信息。与此同时，银行依然会依据严格的审核机制对他们的贷款资格进行审查，且能够拿到贷款的速度相对较慢。在这样的情况下，多数科技型中小企业在初期发展阶段主要的资金来源为自有资金，或者是内源融资。到发展后期，它们就会考虑直接在资本市场上寻求直接融资的机会。总的来看，融资难的原因有以下几方面。

（1）融资意识相对薄弱。在调研过程中发现，部分科技型中小企业对于融资并没有特别的需求，依靠自有资金就能够支持企业的发展。另外，在被调研的企业中，有的企业对国家支持科技企业发展的政策缺乏了解，信息的匮乏使其很难在优惠期内及时申请，错失一些好的融资机会。对于企业来说，资金是企业的血液，依靠自有资金会降低企业的盈利能力，短时间内可能不会出现成长性的问题，但是投资的减少会影响企业的长期成长能力，尤其对于以技术创新为主的科技型中小企业而言，降低投资强度就意味着未来盈利能力的下降。而对国家扶持政策缺乏了解反映了科技型中小企业并没有真正融入国家的金融政策当中，相当一部分企业专注于试验、生产，没有充分获得金融方面的支持，增加了企业成长的难度。针对这类问题，有必要搭建公共信息服务平台，为企业获取信息提供必要的通道，确保各项支持政策有效落实。

（2）产品或服务科技含量高，风险较大。科技型中小企业一般集中分布在软件信息产业、生物医药产业、新材料新能源、文化产业等新兴产业和高新技术产业等范畴之内，通常依靠最新科学技术和研究成果来发展，具有较高的创新性和附加值，但是，由于技术新颖往往市场容量未知，企业依靠技术获得较大经济收益的可能性容易受到质疑，导致了企业未来收入的不确定性[①]。此外，科技型中小企业在不同的生命周期具有不同的风险特质，这需要进行细致

---

① 徐伟，张荣荣，刘阳，刘鹏. 分类治理、控股方治理机制与创新红利——基于国有控股上市公司的分析［J］. 南开管理评论，2018（3）：90－102.

的区分和不同融资方式的对接,采用单一金融机构的传统方法进行风险识别显然无法完全胜任,这导致了科技型中小企业无法获得融资。

(3) 管理水平普遍较低,信息不透明。科技型中小企业自身并没有强制信息披露的要求,且多数企业为了维护自身的商业机密选择不公开交易信息以及财务信息,加之科技型中小企业数量多,多数个体组成的整体交易频繁,通过一般的调查途径很难取得多数企业的经营数据。而对于金融机构而言,企业的交易信息是重要的参考依据,如果企业在进行融资的过程中提供了虚假的交易信息,金融机构缺乏足够的辨别真伪能力,为了防止虚假信息的存在,对于一切同类型的企业采取同样的不提供贷款的措施,这也就产生了当前极为常见的现象:大型企业并不缺少资金,但是,因为信息披露充分,交易相对真实可靠,财务信息经过第三方审计,成为多数银行、券商、信托等金融机构争相追逐的资源,真正需要资金的具有较强发展潜力的中小型企业却因企业群体性信誉缺失而难以获得资金的支持,在这种情况下,企业容易失去成长的良机。

(4) 多属于轻资产行业,缺乏抵押品。缺乏抵押品最直接的后果就是被银行等金融机构拒之门外,而目前很多企业开始尝试知识产权质押[1][2]。对于科技型中小企业来说,知识产权是其创造价值的核心资产,能够体现企业战略、资产增值、研究开发和企业整体发展战略组成部分,并且能够体现企业的外显和内隐财务能力以及企业的战略能力,能够作为企业重要的无形资产进行认定并且具有价值性。但从目前知识产权交易的现状来看,这种质押方式并没有得到广泛的应用,这是由专利技术的专用性和难以估值性决定的。

(5) 资金需求规模小,类型多元化。多数针对科技型中小企业融资困境和解决途径的研究都对科技型中小企业的整体融资行为进行了细致的分析,并将企业的融资需求看成一个整体,认为科技型中小企业具有中小企业的资金需求特征——"短、急、快",因此产生了融资困境。但是事实上,其资金需求也是多层次的,并不能一概而论。

(6) 缺乏统一明确的认定标准,评价难量化。中小企业在我国的经济社

---

① 华荷锋. 科技型中小企业知识产权融资模式选择研究 [J]. 技术经济与管理研究,2015 (5):41-44.

② 王胜利,曹潇. 陕西科技型中小企业知识产权质押融资模式考察 [J]. 财会月刊,2015 (29):88-92.

会发展进程中具有十分重要的作用，根据中华人民共和国国家工商行政管理总局的统计，小微企业占到我国企业总量的95%，它们对 GDP 增长、社会就业、科技创新等起到了重要的推动作用，尤其是其中的科技型企业。这部分科技型中小企业应当是关注的重中之重，但并不是每一个中小企业都值得进行投资和扶持。依靠创新型产业和创新成果发展经济的前提是，这些企业必须真正依靠技术创新给企业带来较高的成长能力。部分企业掺杂在科技型中小企业当中，名义上是科技型企业，但实际上是希望通过政策对中小企业的扶持获得财政支持以及优惠融资，从事一些已经濒临淘汰的产业，这就造成了科技型中小企业整体信誉的损害。由此说明对于科技型中小企业的认定和甄别的过程仍有漏洞，需要进一步的调整和完善。

（7）多层次资本市场体系较完善，但机制不灵活。构建完善的多层次资本市场，尤其是为科技型中小企业上市直接融资创造条件，已经在诸多理论研究和先行国家实践中得以验证，但是为了维护投资者的利益，加上我国目前证券交易的审核制度，使得真正能够通过资本市场审核并获得公开权益融资权利的，仍然是那些已经得到了充分的发展，希望通过资本市场获得进一步发展的企业，很难满足初创型到成长期企业的资本需求。就目前的情况来看，中小板和创业板上的上市公司不论是体量、盈利能力还是公司规模，都已经不能称之为中小型企业，其规模甚至超出了一般的大型企业。尽管新三板市场的设立旨在服务诸多科技型微企业，但是受限于金融环境的制约，新三板市场缺乏足够的交易活跃度，在一定时期内也难以发挥应有的作用和价值。分散在我国部分地区的四板市场，进入的门槛相对较低，但投资者对其关注度更低，更多的是在四板市场挂牌的企业起到的主要还是展示的作用，对解决融资问题相对有限。2019 年 6 月，科创板正式开板，允许符合科创板定位、尚未盈利或存在累计未弥补亏损的企业在科创板上市。市场准入及管理制度更加灵活，为科技型企业上市提供了良好的机遇，但随着科创板稳步推进，也出现一些"垫资开权限"等不理性行为①，需要对风险进行合理的控制。

（8）科技型中小企业的利益分配机制不完善。对于科技型中小企业的资金支持从本质上来说是一种投资行为。投资行为有其价值增值的要求，由于科

---

① 许晟. 新华时评：理性参与共促科创板开好局［N］. 新华社，2019－4－22.

技型中小企业的高成长性和高风险性，投资者往往会要求较高的投资回报，这是符合资本结构理论和财务管理理论的，并且也是投资者的正常要求。否则，过于强调控制融资成本，可能起到适得其反的作用，也会影响到政策的整体效果。科技型中小企业需要成长，更需要强化自身的经营、管理和持续创新的能力。具体来说，投资回报过低，如不能覆盖投资者所面临的潜在投资风险，可能会打击投资者的投资积极性。在这样的情况下，投资者就会降低对投资的参与度。目前，数量较多的创业风险性投资就是一种能够集投资支持与企业经营于一体的企业融资方式。因此，不完善的利益分配机制会限制投资人参与企业的热情，甚至会使得很多政策进入强制性服从的死循环。

（9）匹配性的金融产品创新不足。到目前为止，对于科技型中小企业的融资支持研究主要还是集中在上市融资和银行贷款领域，更多的是从缓解企业的银行信贷压力角度展开对于科技型中小企业融资支持的论述的[1][2]，但是金融市场的金融工具并不只有权益市场和银行贷款两种，很多创新型的金融产品都具有迎合科技型中小企业创新、成长和发展的特点。对于传统的金融机构，即使有国家提供贴息贷款，其经营关注的焦点并不在中小企业，仍然难以从市场的角度充分调动这类机构的积极性。因为对于传统的商业银行来说，贷款给科技型中小企业的收益有限，但是风险是没有上限的，多数银行由于考虑到坏账率等因素，往往会在开展针对科技型中小企业的支持性贷款一段时间之后收紧银根，甚至暂停类似业务，以防止不良贷款的出现，这也说明对于传统金融机构而言，其经营模式使得银行风险难以分散。而目前关于科技金融创新的研究并不多，这些创新的方法或以网络为载体，或形成投资者相互联系交织而成的网络，强化了科技型中小企业的风险分散机制及利益分配机制。

此外，科技企业融资服务体系仍不健全。针对科技型中小企业成长所建立的融资服务体系并不是简单的几个机构构成的，而是全社会共同参与、共同分担、共同受益的多主体构成的网状、共享、便捷、高效、开放的金融生态系统。在此基础上，通过相互之间的连接实现信息资源整合、共享，快速对科技

---

① 聂莉萍. 科技型中小企业融资选择分析［J］. 技术经济与管理研究，2015（2）：38–41.
② 丁涛，刘丽. 南京科技型中小企业融资方式选择及优化分析［J］. 软科学，2017，31（6）：115–119.

型中小企业的经营状况进行判断，能够通过市场机制甄别应该给予扶持的科技型中小企业，解决其成长过程中的资金困境。

2. 科技型中小企业融资困境的根源

融资困境的主要问题在于，企业与融资相关的信息向资金持有者传输的过程中出现了障碍。根源在于，没有形成一个有多主体参与、相互之间联系紧密的、能够及时传递信息的金融支持网络。

（1）科技型中小企业的信息传递与信息受体缺乏一种广泛的连接。在企业的融资行为当中，首要的环节是将其经营状况及创新等信息传递出去。这不仅有利于投资主体了解企业的经营状况，帮助投资者判断企业是否值得投资，即是否能够给有融资意向的企业以资金的支持，更有利于投资者判断企业的价值走向。

首先，信息传输本质过程中的噪音问题。企业融资信息的传输主要涉及两个环节，企业融资信息的输出弱化以及金融机构接收信息和甄别信息的障碍，这就造成了企业有关融资信息的传输过程出现了信息失真或者噪声，在噪声存在的情况下，企业的信息编码难度以及金融机构甄别信息的难度增加，成本提高，加剧了其与企业之间的信息不对称。因此，对于科技型中小企业与资金提供者之间的信息完善的首要措施是提高信息编码的效率，这种效率的提高既来源于企业、金融机构本身，也来源于两者之间，以及企业之间、金融机构之间形成的网络连接关系，通过这种网络化的连接，使得信息在不同渠道之间进行传输。企业的信息可以被不同主体获得并共享。

其次，信息传输的时间成本。银行等金融机构在审核企业的贷款信息等过程中会耗费大量的人力、物力和时间来甄别企业的信用、经营情况，这个过程也是由于信息编码效率问题造成的，却独立于信息编码问题之外，给企业带来了较高的时间价值成本，并且这个问题对于科技型中小企业来说显得尤为突出，因为技术可能会在短时间内贬值，如果不能及时地获得企业所需要的资金，企业很可能面临平庸的发展或者资金短缺而无法及时将研发的技术资本化。

最后，信息传输降噪的过程中需要一定的环境增信机制。信息噪声的降低

— 21 —

不能只依靠信息输出者或者输入者，尤其是融资信息这种特殊的信息，在传输的过程中，需要严格控制传输的风险，否则将会使企业的融资行为的可信度大打折扣，并产生柠檬市场的问题，导致市场上只有劣质企业在进行接待，并会进一步加剧企业融资风险的出现。因此，风险的控制和审核监督的参与也就成为企业的融资信息输出到金融机构接受融资信息这一过程中的必要环节。

从目前资本市场上的情况来看，科技型中小企业的信息很难与上述信息受体相联系，这就使得科技型中小企业与信息受体之间存在较为严重的信息不对称，这种不对称是无法通过简单的政策性导向来解决的，包括企业自身经营特点、企业管理当中存在的问题、企业的经营业绩、企业的技术优势等信息，都应该通过一定的机制传导出去。与此同时，社会网络中应该存在相应的收集信息机制，只要企业在经济社会中发生交易或者与其他经济主体相联系，就不可避免地会沉淀下相应的交易记录。正是由于这种机制的缺失，科技型中小企业的信息变得难以传递，而需要这些信息的个体也难以获得这些信息。

（2）科技型中小企业和金融体系没有形成广泛的网络式连接。除了信息传递，科技型中小企业获得相应的融资还需要与各种金融体系中的主体形成广泛网络式的连接。通过前述的分析我们得出，科技型中小企业融资的困境在于多个方面，而其中就包含了针对科技型中小企业的担保不足、金融创新不足、政策支持偏向于行政化、科技型中小企业的知识产权估值困难等，这些看似独立的要素实际上在社会当中构成了一个完整的企业融资支持网络体系。由于科技型中小企业特殊的生存状态和创新成长性，各个节点之间必须构成紧密的联系，并能够做到相互之间信息畅通，这样才可以保证科技型中小企业在各个环节都获得适合自己的支持。而目前科技型中小企业所处的金融环境并不能完美地支持科技型中小企业在这个网络中获得自己需要的支撑。

从政策层面来说，伴随着创新驱动战略的进一步明确和执行，越来越多的政策开始向科技型中小企业倾斜，降低税负、提供贴息、创立科技创新基金等成为政策层面经常实施的手段，但是这些政策的执行具有一定的政令性质①。在这样的情况下，传统金融机构的行动需要配合政策实施的基调，可能会出现

---

① 杜琰琰，束兰根. 政府风险补偿与科技型中小企业融资结构、财务绩效、创新绩效 ［J］. 上海金融，2015（3）：66–70.

因循守旧的问题，把关注点放在了完成政策指标上，而忽视科技型中小企业本身的诉求。

从金融机构层面来说，科技型中小企业能够接触到的金融机构数量有限，多数企业可直接产生联系的就是当地的各个银行，对于其他的金融机构，科技型中小企业不敢接触，也很难接触到，而金融市场当中存在大量的金融主体，如商业银行、财务公司、私募股权、基金公司等，这些金融主体对各种融资手段的使用较为完善，而对于缺乏融资方面知识的科技型中小企业来说，难以将自己连接到这个网络中，这是阻碍企业从外部获得资金的关键所在。

从金融服务机构来说，科技型中小企业需要进行增信、企业类型认定、融资担保，这一系列的融资服务活动都是该融资支持网络当中的一个组成部分，但就目前来看，不同的金融机构之间还是相对松散的关系，彼此并不能形成有机联系，难以发挥"1+1＞2"的整合作用。

从前述分析来看，科技型中小企业所处的融资环境并没有整合成为一个整体，这严重制约了科技型中小企业在融资网络中一系列活动的顺利进行。而这个要素连同科技型中小企业的信息传递问题，成为制约科技型中小企业融资困境的根源所在。

1.2　互联网为融资模式创新创造了机会

近几年，互联网呈现了飞速发展的态势，互联网也从最初的信息检索工具、信息传递工具，逐步转化成为集信息甄别、整合、扩散等机制为一体的综合性信息工具。人们可以通过互联网随时随地的接触到海量信息，并且依据这些信息做出判断，而这些信息往往不是来源于信息使用者所处的地理位置，甚至与信息使用者并不处在同一个时间区域内，这就产生了由互联网将不同时间、空间的个体连接起来的效果。除此之外，科技的发展使得以云计算为基础而出现的"云"概念迅速扩散。云计算最初体现为大量闲置计算器资源的统一调度和应用，伴随着云计算概念的逐步扩大，"云"这个概念转变成为对各个领域内广泛资源的调度和使用，这种调度和使用具有目的性，通常能够更加高效地归集资源，又因为互联网的平等性、民主性、高速性和高效性①，依托互联网的各种机制都产生了几何级别的变化。因此，借助互联网能够使原本就应该呈现网络形态的融资体系呈现其本应有的面貌，通过网络的互通性和快速连接性，以及信息传递的及时性和无瑕疵性，降低企业的信息"噪声"，提高企业与政府、企业与金融机构、企业与金融服务机构、政府与金融机构，以及企业与投资者个体之间复杂网络关系的节点之间的连接速度和效率，为科技型中小企业真正解决融资困境提供必要的基础支撑。

1.2.1 思维方式的转变：互联网思维

互联网的发展表现出了开放性、共享和效率三大主要特征，能够让企业的组织内部和组织间的合作与贡献获得更多的关键技术信息。在互联网快速发展的时代，各种要素的流动不再受到时间和空间的限制，人们可以通过互联网获得自己需要的任何创新性的资源和信息。与此同时，互联网的共享性和低成本等效能被进一步放大，以往具有垄断性的知识、资源和信息等都呈现出了新的交流方式：从均衡到非均衡、从平面到立体、从点对点到点对网络、从点对网络到网络对网络、从现实到虚拟再到虚拟和现实结合，使得全方位、全时空的资源配置和利用成为可能。从这个角度来看，互联网思维使得物理空间、参与群体等因素都不再是障碍，都转换成为可以提供资源的群体，使得分散在更广范围的金融资源的利用效率进一步提高。从企业经营的角度来看，互联网的发展为科技型中小企业成长带来了获取资源上的便利，主要表现为以下几方面。

（1）互联网为其发展提供了丰富的创新资源。互联网时代，人才流动速度加快，很多人才在网络上成为新一代的自由职业者，他们自身构成了互联网时代的人力资源，并且能够为很多客户解决各种问题，但是他们往往并不固定受雇于某一个企业，而是利用网络提供自己的价值。在此基础上，网络技术的发展使得各类主体能够在较短时间内获取各种资源，大大降低了资源的搜寻成本，这些都可以为科技型中小企业的发展提供重要的参考。

（2）融资渠道变得更加宽泛，融资程序更加便捷。资金也是一种重要的

---

① 张玉明. 云创新理论与应用 ［M］. 北京：经济科学出版社，2013.

资源，而且是一种具有特殊性质的资源，资金的供求双方都需要获得足够的信息才能够实现对接，资金提供者和资金需求者之间存在互相关联的基础，但是必须通过一定的机制才能够实现连接，而这种连接就是互联网的形式。随着互联网技术尤其是移动互联网技术的发展，实现了随时随地发布信息，在很大程度上提高了便利性和效率。但与此同时，企业也必须提供自己真实的经营信息、项目信息。互联网资源集中的一个重要机制就是巨大的纠错功能，利用云计算等强大的计算功能，通过互联网已经能够搜集企业经营及与其他主体往来的网络数据。随着在云端的数据资源的沉淀和丰富，利用大数据技术可以帮助数据使用方快速准确地对目标做出判断和甄别。理论上世界各地的投资者都可以看到资金需求者的要求，只要投资者感兴趣，能够承受相应风险，就可以根据企业所给予的回报条件进行投资。因此，互联网的发展为企业的成长带来了丰富的资源，这也为网络化的融资体系的建立奠定了基础。

1.2.2 互联网思维下融资模式新发展

根据上述分析，互联网思维代表了广泛范围内资源的集中，这种思维应用到企业的融资环节中就产生了互联网思维下的融资模式。在这种思维的带动下产生了两种趋势——互联网金融和传统金融的互联网化，这两种融资模式的变化方向都使得原始的资本性资源通过网络得到了汇集和新的分散。

互联网金融是以互联网为依托，以第三方支付、金融中介、信用评价、线上投资、金融电子商务为主要表现形式的新型金融[1]，沈娟等通过总结指出互联网金融包含多种模式，如互联网支付、P2P借贷、众筹等[2]；张玉明从基因角度阐释了互联网金融与小微企业融资需求的契合规律[3]。因此，根据已有学者的研究来看，互联网思维下的融资模式包含了多层含义，具体来说可以从以下方面加以理解。

（1）互联网理财工具。以余额宝为代表的互联网理财工具的出现使得资

---

① 廖愉平. 我国互联网金融发展及其风险监管研究——以 P2P 平台、余额宝、第三方支付为例 [J]. 经济与管理，2015，29（2）：51 – 57.

② 沈娟，占华丽. 我国互联网金融发展的文献综述 [J]. 经营与管理，2015（10）：105 – 108.

③ 张玉明. 小微企业互联网金融融资模式研究 [J]. 会计之友，2014（18）：2 – 5.

金持有者找到了一种将货币暂时性存放同时又能够享受较高收益的理财方法。余额宝等理财产品之所以能够成功，关键在于其网络化的资金集合功能，而究其实质仍然是利用投资者的资金购买货币基金。余额宝实现了闲置资金随时转化为投资资金，随时完成资金的体现，这比传统银行的存贷更加便捷，且在一定程度上提高资金资源使用率的同时提升了投资方的闲置资金收益率，即给以互联网工具的资源归集效应。但是随着 2015 年多次降息降准，余额宝等的收益率已经出现了明显的下滑趋势，因此，互联网化的金融工具代表的是利用互联网将可能利用的资源加以充分利用，并不能创造超额的价值。

（2）P2P 的融资运行模式。P2P（peer to peer）从形式上来说是资金供需双方对接的平台，在这个平台上达成协议，就可以借出资金，当有足够多的个体在平台上借出资金时，企业就能够快速达到融资的目的，而且基于互联网的快速、信息广泛传播等特性，P2P 融资模式一经产生就呈现了强大的力量。很多学者将 P2P 融资代表的互联网金融看作线下金融的网络升级版[1][2]，但是从本质来看，P2P 代表的并不仅是民间借贷的网络版，而是一种金融资源的再组合模式。P2P 借贷模式，更好地发挥了融资的核心功能，即向闲置资金的个体借入资金，这个工作由 P2P 平台负责进行。随着互联网的进一步发展和大数据金融的实现，后期的企业征信工作将逐渐由大数据技术取代，形成新的风险控制机制。有了企业资质的甄别，拥有资金的个人就可以在自己认可的范围内将资金借给有资金需求的企业，实现了多点对一点的借贷方式，但是每个借款者可能不止拥有一项投资，多项投资意味着其将自由的资金进行了分配，形成了一点对多点的投资模式，这种投资者和筹资者的双面结合构成了一个多点对多点的网状结构。

（3）众筹融资模式。众筹的融资模式依据其最终补偿投资者的方式划分为商品预售和股权众筹两种模式，商品的众筹具有实物补偿效应，而真正意义

---

① 俞林，康灿华，王龙. 互联网金融监管博弈研究：以 P2P 网贷模式为例［J］. 南开经济研究，2015（5）：126－139.

② 刘征驰，赖明勇. 虚拟抵押品、软信息约束与 P2P 互联网金融［J］. 中国软科学，2015（1）：35－46.

上的融资性众筹是股权众筹①。目前股权众筹已经得到了政策的许可，其意义在于将权益资本的筹集与网络化融资相结合，将企业的资本募集直接与个体投资者相结合，并且这种筹集资金的方式与科技型中小企业的发展具有天然的契合性，科技型中小企业的发展需要对技术进行创新，这种技术的创新能否得到市场的接纳，这在过去是个未知的问题。而伴随着众筹融资方式的出现，企业必须将创新项目的相关信息毫无保留地展现给投资者，在这里投资者不再是大型的机构、基金，而是变成了个体投资者，多数投资者的决定就能够对企业的创新项目是否具有市场前景进行前期甄别，这保证了融资的效率性，一旦股权众筹成功，企业既能够获得进行研发、企业发展所需要的资金，又能够获得认可企业技术创新的消费者。

（4）金融创新业务的互联网化。企业的融资已经存在多种创新模式，比如项目融资、租赁融资、资产证券化等，而互联网的发展使得这些融资模式都能够与网络相结合，充分发挥网络的价值发现功能②。当前已经有多个网站涉及融资租赁业务的网络化融资模式，由平台开展融资租赁业务，由参与平台的个体直接根据平台提供的融资信息做出投资决策。

（5）传统金融机构的互联网化。互联网技术在金融领域渗透应用后，商业银行等传统金融机构逐渐加强了对互联网技术的应用，以更好地应对外部环境的挑战，并将大部分业务通过 PC 端客户端以及移动客户端提供给客户，大多数业务已经不需要到银行办理，并且在移动客户端上办理业务还能够享受银行给予的优惠条件。这些银行的 APP 实质上也变成了一个移动资源整合平台，通过这个平台，消费者可以实现理财、消费等资源的即时获取以及资金的及时调度，其基本思维仍然是网络对于资源的整合和分散。

从上述互联网思维下融资方式的分析可以发现，互联网的发展为企业的融资提供了新的途径，而且这种途径正在逐渐改变企业的融资习惯，通过互联网发挥作用的信息汇集和分散机制能够有效缓解企业与外界的信息不对称，从而有助于外部机构更好地了解企业，也在一定程度上提高了它们的投资积极性。

---

① 鞠冉. 互联网金融下的非营利性众筹融资模式分析［J］. 社会科学辑刊，2014（3）：101 - 104.

② 孙杰，贺晨. 大数据时代的互联网金融创新及传统银行转型［J］. 财经科学，2015（1）：11 - 16.

1.2.3 网络融资有助于缓解企业融资约束

随着互联网技术的发展，网络融资获得了较快的发展，在解决科技型中小企业融资问题时，也成为一种比较重要的途径。根据对我国科技型中小企业的问卷调查发现，网络融资还需要进一步在机制等方面进行优化，才能更好地发挥其在缓解科技型中小企业融资约束中的重要作用。

（1）网络融资平台发展快，使用频率相对不足。根据对科技型中小企业的调研发现，80.91%的受访企业对网络融资平台有过了解。其中，36.87%的受访企业希望尝试，但是不清楚网络融资平台如何使用；有38.20%的受访企业表示听说过，却不可信；有19.10%的受访企业表示没听说过（见图1-21）。

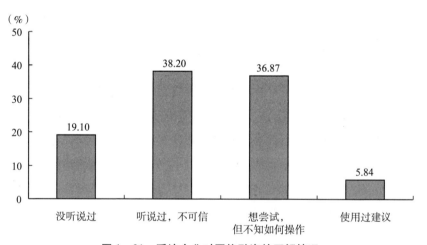

图1-21 受访企业对网络融资的了解情况

从进一步对网络融资的使用频率来看，53.30%的受访企业表示没有使用过网络融资方式，较少使用和偶尔使用的受访企业占比为43.54%（见图1-22）。

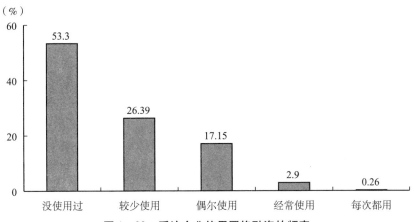

图 1 - 22 受访企业使用网络融资的频率

以上的统计结果表明，尽管网络融资已经为多数企业所了解，但是使用频率是非常低的，所以要缓解科技型中小企业融资约束，就应设法提高网络融资平台使用效率，让其成为科技型中小企业融资的重要渠道。

（2）对网络融资平台认可度不高。2018—2019 年的问卷调查结果显示（见图 1 - 23），多数受访企业认为网络融资渠道的优势并不明显。其中，73.75% 的受访企业认为在"一般"水平之下，只有 26.26% 的受访企业认为有明显的优势。

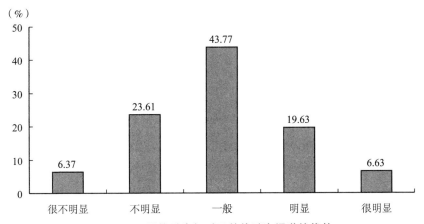

图 1 - 23 网络融资相对于其他融资渠道的优势

从具体的网络融资形式采纳情况来看，本次调研针对性地了解了对于 P2P 融资和众筹融资两种不同融资方式的使用情况。根据调研获取的数据资料，42.44% 的受访企业表示很少使用 P2P 融资，较多使用 P2P 融资的企业仅为 6.63%（见图 1 - 24）。对于众筹融资这种形式，37.11% 的受访企业很少使用，4.47% 的受访企业较多地使用众筹融资方式（见图 1 - 25）。

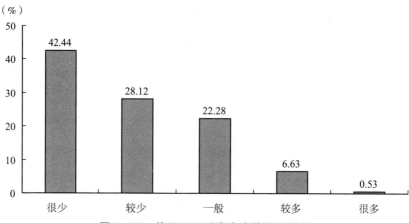

图 1 - 24　关于 P2P 融资方式的使用程度

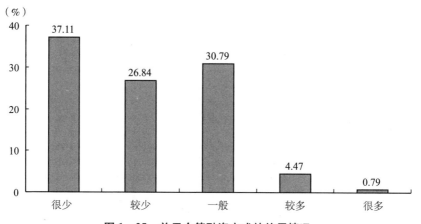

图 1 - 25　关于众筹融资方式的使用情况

尽管互联网发展带来融资形式的多元化发展，但是相关的融资方式使用率仍然较低，出现这一现象的原因是多方面的。在互联网环境下解决科技型中小企业融资约束问题，需要找出影响网络融资作用发挥的原因，建立有效的机制和模式是解决问题的关键。

2018—2019 年的问卷调查结果显示，共享平台应用增多，受到更多企业的认可，但是网络融资、P2P 融资比重不高，网络融资成本居高不下，依然不能缓解融资难题。如图 1 - 26 所示，网络融资对企业资金需求的满足程度基本呈现正态分布，说明多数情况下，网络融资并不能完全满足科技型中小企业的资金需求，网络融资在市场中的地位还有待提高，其安全性和效率成为广大企业主要担心的问题。

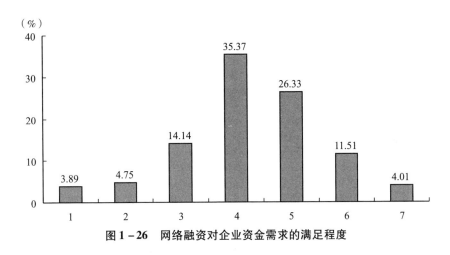

图 1 - 26　网络融资对企业资金需求的满足程度

如图 1 - 27 所示，超过 2/3 的网络融资成本高于银行贷款。究其原因，资金占用费对于大部分网络融资或者银行融资是几乎持平的，所以其成本出现偏差主要表现在资金筹集费上，银行以及网络融资所涉及的资信评估、发行证券、担保等费用不尽相同。

如图 1 - 28 所示，众筹资金在融资金额中占有一定分量。有 31.56% 的融资中，众筹资金达到了 5% 及以下，还有 34.31% 的融资中，众筹资金的比例达到了 6% ~ 10%，这也说明众筹资金在融资市场的资金总额中占有重要地位，为融资的资金链稳定性提供了一定的保障。

P2P 模式能最大限度地满足投资者与寻求投资者之间的匹配问题。调查结果显示，P2P 融资占融资总额的比例并不高，90% 以上的被调查企业 P2P 融资占融资总额比例不超过 15%，比重较低（见图 1 - 29）。

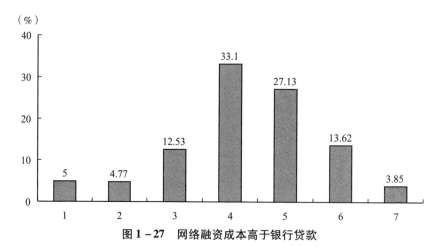

图 1-27　网络融资成本高于银行贷款

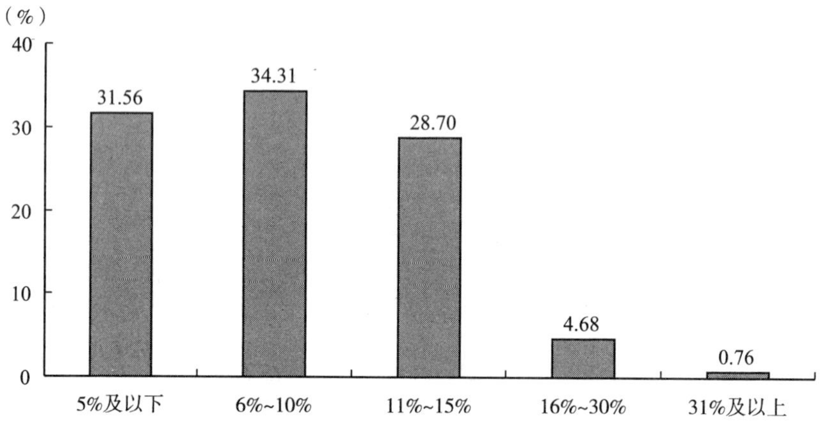

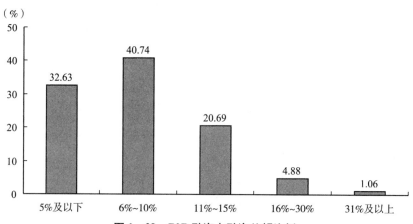

图 1-28　众筹金额占融资比例

（%）

图 1-29　P2P 融资占融资总额比例

1.3　科技型中小企业融资困境的破解思路

基于前述对于科技型中小企业融资困境及其来源的分析以及互联网思维下融资模式的创新发展。可以认为，要解决科技型中小企业融资的困境，必须要能够破解融资过程当中出现的难题，最主要的措施就是构建网络化的融资模式来实现企业信息的传递和信息受体对信息的接受。通过网络化融资方式，进一步拓展了科技型中小企业的融资通路，并且有助于形成收益共享、风险分散的融资生态，一定程度上打破了物理边界的限制，可以激发更多的参与方来参与，同时提高它们的积极性和主动性，形成良性的融资生态环境。

1.3.1　科技型中小企业开放式融资模式的提出

从本质上来说，依托互联网为基础的融资模式，有效地打破了传统的物理边界限制，实现了在更广范围内的资源整合。同时，信息技术也使得参与主体可以更便捷地获取企业的相关信息，提高了信息的透明度。而对于科技型中小企业来说，获得的不仅仅是资金，更重要的是企业能够嵌入融资网络当中。这个网络包含了政府、金融机构、金融服务机构等，通过网络主体的相互连接，形成了一个价值发现网络，其中包含多种资源，包括政策资源、金融资源等，企业可以利用这些资源结合自身特征来传递自身的信息、利用创新资源提升自己的创新能力、利用资金促进企业的成长，并且能够通过这种价值发现的网络机制发掘技术的价值。这实际上是一种更加开放的融资模式，即开放式融资模式。开放式融资模式就是在互联网背景下，充分利用闲置的资源，利用现代互联网技术等连接资金的供需双方，搭建资金对接的平台，从而更充分地提升资源的使用效率。开放式融资模式中的闲置资源可能包括资金、政策、机制等，这些资源的所有者本身构成了一个网络。因此，融资过程中的多元化主体，可以通过这一平台，从网络中发现和使用各种闲置资源，同时也可以有效降低企业的信息不对称程度，从而缓解科技型中小企业的融资约束问题。根据以上的描述,提出如下开放式融资模式的框架图(见图 1 – 30)。

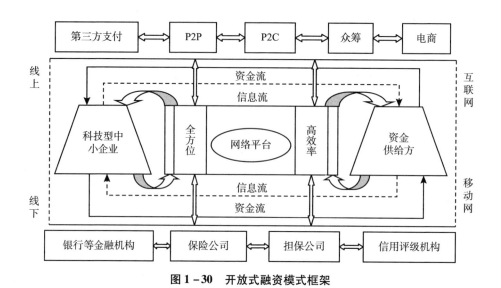

图 1 – 30　开放式融资模式框架

开放式融资模式旨在从理论上建立一种由多元化主体参与的风险分散与分担机制,即要打破传统点对点线性融资链条模式,构建包括传统金融机构和互联网金融机构及担保公司在内的多主体参与的线上线下整合信息共享的融资模式。

1.3.2　科技型中小企业开放式融资模式的特征

本书构建的科技型中小企业开放式融资模式应具有以下几个方面的特征。

1. 多主体参与

开放式融资模式的参与主体包括:科技型中小企业、银行等金融机构、担保公司、保险公司、信用评级机构、P2P 等网络融资平台、电商、移动终端。其中,科技型中小企业是融资的借款者,也是开放式融资模式下最重要的参与主体;银行等金融机构、信用评级机构、保险公司、担保公司是传统融资模式下的主要参与主体,是贷款者;P2P 等网络融资平台、电商是网络融资模式下的主要参与主体，是贷款者；网络平台、移动终端等是网络融资模式下各参与主体进行信息、资金等交流的客户端，是保证网络融资模式有效运行的硬件设施。在开放式融资模式下，这些参与主体都参与其中，科技型中小企业根据自己的发展需要，决定采用哪种融资模式，也可以将这些融资模式有效组合，形成合理有效的融资结构。

2. 开放性

在开放式融资模式下，各个参与主体之间不是封闭的，而是相互影响，主体之间的信息流、资金流也相互流动。第一，科技型中小企业与银行等金融机构、P2P 等网络融资平台密切联系，科技型中小企业的借款需求、产品信息等都会披露给贷款方。并且，如果科技型中小企业选择网络融资模式，其相关信息会披露在网络融资平台上。第二，银行等金融机构、P2P 等网络融资平台与担保机构、信用评级机构、保险机构密切联系，担保机构、信用评级机构和保险机构在融资过程中发挥担保、中介作用，如果科技型中小企业的融资项目风险过大，将这三个机构纳入可以有效降低风险。第三，科技型中小企业与担保机构、信用评级机构、保险机构密切联系，科技型中小企业是借款方，有了保险机构、担保机构、信用评级机构的支持，将有利于科技型中小企业顺利融到资金。从这三方面来看，在开放式融资模式下，各个参与主体之间的关系具有开放性特征，这种开放式影响最终会促进资金流、信息流在资金借贷方之间有效流动，从而促进融资项目的顺利进行。

3. 高效率

单一的传统融资模式下，银行、股票市场、商业信用等融资方式，耗费时间长、融资效率低。而在网络融资模式下，通过网络融资平台，信息、资金能够及时流通，效率大幅提高。对于科技型中小企业而言，单纯采用网络融资模式也不能满足其发展所需资金，而应该将传统融资模式和网络融资模式进行有效整合，才有利于其发展。在开放式融资模式下，传统融资与网络融资贯穿在一起，通过网络平台、互联网终端相互联系，资金需求方（科技型中小企业）与资金供给方（银行、网络融资平台等）能够实现及时的资金流、信息流的交流和流动。网络融资依托互联网技术，使得信息流动不受空间的约束，可以便捷地为资金需求和资金供给两方搭建并形成即时的信息通路，大大降低了信息不对称程度，有助于提高融资效率。

4. 全方位

全方位是指开放式融资模式贯穿在科技型中小企业发展的各个阶段，科技型中小企业可以任意选择融资方式，而资金供给者也可以选择是否对其提供资金支持。科技型中小企业在发展初期，可以根据产品或项目的特征、资金需求量、借贷周期，选择融资方式。如果选用网络融资模式，则需要将相关借贷信息和项目信息披露在网络借贷平台，资金供给者根据自身情况以及借贷信息决定是否为其提供资金支持。科技型中小企业在发展到一定阶段后，同样可以自己选择融资方式，而资金供给者在对其评估的基础上决定是否为其提供资金支持。由此，科技型中小企业与资金供给者之间形成一种互补的全方位合作模式。

5. 资源整合

由前述分析可知，传统融资模式下，科技型中小企业面临较大的融资约束，仅有小部分企业能够成功地融得发展所需资金。而在网络融资模式下，可有效解决资金供给方的信息不对称，缓解其融资约束。但是，科技型中小企业的很多产品和服务具有保密性、易复制易模仿性，单纯网络融资依然不能完全解决其融资困难。在开放式融资模式下，可将传统融资和网络融资纳入同一个系统，将二者有效整合，促进资金流、信息流等资源在系统内部的环向流动，实现传统融资和网络融资的优势互补，促进企业融资问题的解决。

1.3.3 内容、方法与框架

本书围绕如何解决科技型中小企业融资约束问题，运用融资理论、演化经济学理论等，结合多主体建模方法构建开放式融资模式，以期深化科技企业融资理论研究，为破解其融资困境、实现持续成长提供新的理论依据。据此，本课题的主要研究内容、方法和框架概述如下。

1. 主要研究内容

根据本课题界定的研究问题，主要设计了如下相关内容。

第 1 章，科技型中小企业融资困境及破解思路。本部分主要是通过探讨科技型中小企业发展现状及其融资需求特征，分析导致科技型中小企业融资困境的根源所在。在此基础上，探讨互联网环境下的新变化、新思维对传统科技型中小企业融资产生的影响，进而提出互联网环境下科技型中小企业开放式融资是破解其融资困境的有效途径。介绍了整合网络融资模式的信息优势及传统模式的成熟优势，构建科技型中小企业开放式融资模式及研究的整体框架，并对相关内容进行了概述性的说明。

第 2 章，科技型中小企业融资理论及文献可视化分析。在对传统融资理论与方式及互联网背景下的融资研究进行分类梳理的基础上，运用信息经济学和信贷配给等融资理论比较分析传统融资模式与网络融资模式，研究网络环境下融资模式的变革。运用 Citespace 对相关文献进行可视化分析，揭示研究热点及研究趋势，为后续研究奠定基础。

第 3 章，科技型中小企业开放式融资主体及要素甄选。在前述理论分析的基础上，从融资特征、契合关系等方面对科技型中小企业开放式融资模式的可行性进行梳理。进而利用复杂适应系统、网络平台理论等对科技型中小企业开放式融资模式的构成主体，以及主要构成因素进行理论提炼。并通过对我国科技型中小企业进行问卷调查，按照专家分析、隶属度分析、相关性分析、重要性分析的基本逻辑，甄选得到科技型中小企业开放式融资模式的主要构成要素。

第 4 章，科技型中小企业开放式融资模式运行机制。开放式多边融资模式是以平台为中心，形成企业、科技、金融等多方主体共同参与的共生商业生态系统。本课题依据社会网络理论、融资理论、信息经济学理论、演化博弈理论等，探析开放式多边融资模式的内在运行机制，对其盈利机制、信用机制、风险机制、参与机制进行分析。

第 5 章，科技型中小企业开放式融资模式演化分析。本书在梳理演化博弈理论的基础上，基于该理论提出并形成了科技型中小企业开放式融资的演化模型，以期揭示在互联网环境下科技型中小企业融资的基本规律和演化稳定策略，为科技型中小企业开放式融资平台的有效运行提供有益的借鉴。

第6章，科技型中小企业开放式融资模式仿真。在简要梳理多主体建模与仿真（Agent-based Model，ABM）主要内容基础上，说明该方法适用于科技型中小企业开放式融资分析的基本依据。基于前述理论分析，进一步提出了科技型中小企业开放式融资模式的仿真分析步骤，构建了科技型中小企业开放式融资模式的仿真模型，模拟不同演化条件下的科技型中小企业开放式融资系统的演化过程，探索科技型中小企业开放式融资模式的运行特征与规律。

第7章，开放式融资模式实施对策研究。根据前述理论分析，以及实证检验结果，提出了构建开放式融资模式的主要策略和相关建议：①政府应完善金融服务的激励机制和政策，引导科技企业融资平台的建立；②传统金融机构如大型银行应转变观念及管理模式并进行金融创新，积极发展中小银行、小贷公司等，开拓网上市场；③构建信息共享机制，加强电商之间及电商与传统金融机构的合作；④构建多层次资本市场，放宽准入条件；⑤提高中介质量，规范民间金融等；⑥建立和制定完善的信用、监管制度与政策，优化融资环境等措施，各方共同努力打造多方参与互惠的一体化开放式融资模式；⑦加强对互联网金融的监管。

2. 研究方法

本书根据课题的研究内容设计，综合运用信息经济学、融资理论、演化经济学理论，以及多主体建模等多学科交叉理论与方法展开论述。具体包括以下几方面。

（1）文献分析与比较研究。文献来源主要是中外文电子期刊，以及国内外有关领域的研究中心的开放数据和文献资料。通过梳理文献资料，形成了本书的理论分析基础和建模的主要依据。在此基础上，根据文献梳理及实地调研比较研究国内外科技型中小企业融资模式，对比分析传统融资模式与网络融资模式的区别与联系，为开放式融资模式的构建奠定基础。

（2）实证研究方法。在采用定性分析方法，界定涉及的主要概念及理论模型构建的基础上，采用了定量研究方法。定量研究的目的主要是为定性分析的结果提供经验证据。本书主要以我国的科技型中小企业为研究样本，通过企业访谈、问卷调查等方式收集整理数据，并采用因子分析、隶属度分析等分析方法，甄别其融资模式关键因素，为后续的建模研究提供分析基础。

（3）演化经济学理论。课题把科技型中小企业类比为生命体，演化经济学理论与复杂性系统具有较多的关联性。采用演化经济学理论探讨科技型中小企业成长与网络融资系统的演化特征与内在机理，从动态角度揭示网络融资演化机制和行为策略对融资约束的影响路径。

（4）演化博弈方法。开放式融资是多主体参与的动态博弈过程，也是参与方不断调整与优化的过程。演化博弈作为演化经济学的主要分析工具，有助于通过动态过程的分析，有效地阐释网络融资的演化过程。课题在理论分析的基础上，构建了演化博弈分析模型，探讨多主体参与情境下的开放式融资系统的演化稳定策略。

（5）多主体建模仿真。随着社会科学建模软件的开放使用，基于主体的建模方法被广泛应用。多主体建模方法是把系统看成由一系列主体（Agent）组成，这些主体通过相应的规则实现交互，最终使整个系统涌现出复杂的行为。科技型中小企业成长及开放式融资问题研究符合上述建模特征，所以采用多主体仿真方法模拟开放式融资系统的演化过程，揭示融资策略变化的规律性，以及开放式融资系统长期演化趋势，进而为促进科技型中小企业成长提供有效的策略支持。

3. 研究框架

在前述研究内容的基础上，按照如下逻辑结构展开分析，即问题提出、理论模型与框架构建、甄选关键构成要素、运行机制分析、过程模拟、提出策略，具体的研究框架如图 1 - 31 所示。

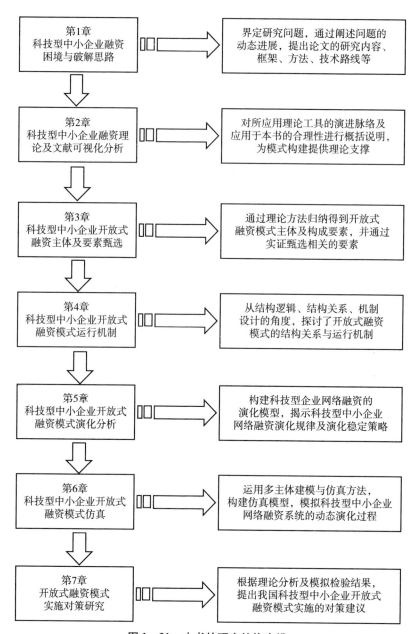

图1-31　本书的研究结构安排

第2章

科技型中小企业融资理论及
文献可视化分析

科技型中小企业普遍面临"融资难、融资贵"等问题，中外学者纷纷关注与研究，形成了多元化的研究结果。根据对已有文献脉络的梳理，本部分主要从传统融资理论、互联网背景下的融资理论新发展对文献进行了研究梳理，并对比分析了各种融资模式，从理论上为开放式融资模式的构建提供基础。

2.1 传统融资理论与方式

关于企业融资的研究形成一系列理论，主要有 MM 理论、权衡理论、优序融资理论、代理成本理论、激励理论、控制权理论等。随着环境变化和技术的发展，出现了大量的融资方式，以满足企业发展中的融资需求，主要包括供应链及项目融资等。本节主要论述融资理论和融资方式的演进。

2.1.1 融资结构理论

早期融资理论、现代企业融资理论，以及新资本结构理论是西方现代企业融资理论的三个主要体系。本文围绕相关理论的研究进展，对融资结构理论简要概括如下。

1. MM 理论

企业融资理论最早由莫迪和米勒在 1958 年提出，即 MM 理论①。MM 理论认为在信息完全对称的情况下，企业的价值与其融资方式没有关系②。该理论首次用数学推导的方式研究企业融资方式选择，推理过程严谨可靠，但是该结论是在一系列严格假设中提出的，现实生活中并不存在这么严格的假设。

该理论的基本假设如下：①资本市场是完善的，企业融资方式只有长期债券和股权两种，完全竞争市场下，长期债券和股票的交易成本均为零；②对投资者而言，企业未来平均利润的估值是相同的随机变量；③风险等级相同，即在同等状况下，企业拥有相同风险；④企业的现金流均是永续年金，如利润等；⑤增长率为零，企业的利润都被用于股利分配；⑥企业和个人负债利率指的是无风险利率，且投资者可以获得与企业一样的借款率。可以看出，以上假设建立在不考虑所得税、不考虑破产成本和代理成本、企业永续存在、资本市场完全有效等基础之上，但现实中并不存在这么完美的情况。在这些完美假设下，企业无论采用长期债券融资还是股票融资，都不会带来收益的增加或者减少，企业的融资决策与企业市场价值无关。

2. 权衡理论

自 1970 年以后，企业融资理论的研究重点转向融资结构的成本和权益平衡问题。即最优融资结构在负债融资的抵税收益和负债融资的风险与额外费用权衡中得到，这种权衡被称为融资权衡理论，按时间顺序又被分为权衡理论和后权衡理论③。该理论放宽了 MM 理论假设，不仅考虑了企业负债带来的收益，而且考虑企业负债带来的财务风险和破产风险，在现实中，只要负债必然存在财务费用和风险。因此，权衡理论认为，负债不仅能给企业带来节税收益，负债水平过高还会给企业带来财务风险和破产风险。因此，企业应该权衡负债带来的收益、代理成本和破产成本，有负债企业价值应等于无负债企业价

① 方芳，曾辉. 中小企业融资方式与融资效率比较 [J]. 经济理论与经济管理，2005（4）：38 – 42.
② 刘东辉，黄晨. 资本结构与企业价值关系的实证研究 [J]. 南方经济，2004（2）：47 – 49.
③ 陈稳进. 中外企业融资结构比较分析与启示 [J]. 南开经济研究，2002（3）：78 – 80.

值加上负债带来的节税收益减去代理成本和破产成本的现值。在权衡理论下，企业负债所带来的节税收益不是无限的，当负债上升带来的代理成本和破产成本现值超过税收的节税收益时，增加负债将不利于增加企业价值。企业的最优资本结构应充分考虑负债的节税收益、代理成本和破产成本，负债率100％不可能实现企业价值最大化。

3. 优序融资理论

权衡理论引入了代理成本和破产成本，开始关注财务风险以及财务杠杆作用，但仍然假设企业的内外部信息是完全对称的，而实际上不存在信息完全透明。因此，20 世纪 70 年代后期，美国经济学家罗斯将非对称信息概念引入资本结构决策中，认为企业的融资决策应该考虑非对称信息①。通常情况下，外部投资人主要是根据企业的财务报表等信息来了解企业的经营状况，但仅凭这些信息可能无法了解企业真实的状况。同时，由于这种信息不对称，投资者会简单地认为如果企业的负债率较高，说明企业经营者对企业未来充满希望，投资者会认为该类企业未来前景好，倾向于投资该类型的企业；相反，如果企业的负债率较低，投资者会认为企业价值较低，倾向于不投资这类企业。因此，在不对称信息假设下，企业的融资现状（负债现状）会影响投资者的投资决策，进而影响企业的市场价值和整体价值。企业进行股权融资时，投资者会认为企业的发展前景不好，无法通过内部融资和债权融资获得资金，直接表现为股价的下跌。因此，企业的融资顺序应该是：先内部筹资，后外部筹资。其中，外部筹资的顺序应该是：先债权筹资后股权筹资，即优序融资理论。

4. 代理成本理论

优序融资理论考虑了企业内部和外部之间的信息不对称以及信号传递，而实际上，对于企业内部而言，企业所有者和经营者之间的利益并不完全一致。据此，詹森和梅克林在1976 年提出了代理成本理论②，认为企业所有者和经营者间是"委托—代理"关系，经营者受企业所有者委托经营企业，但是经营

---

① 葛结根. 资本结构契约理论研究［D］. 北京：中国人民大学，2004.
② 杨茂纹. 股权激励会导致经营者进行盈余管理吗？［D］. 成都：西南财经大学，2012.

者可能会为了谋求自身利益而损坏企业的利益。根据这一理论，存在的问题即是道德风险和逆向选择。委托代理理论说明，由于道德风险的存在，委托人需要付出一定的"代理成本"来保证经营者和所有者之间的利益平衡。代理成本可以简单地理解为委托人的监督成本，股权代理成本和债权代理成本包含其中。引入委托代理理论后，企业的目标资本结构应是负债带来的收益与代理成本恰好抵消，在这种情况下，企业价值实现最大化。

5. 激励理论

MM 理论、权衡理论、优序融资理论，都是从资本结构角度考虑企业融资，而激励理论聚焦的问题是融资结构与经营行为之间的关系。罗斯认为，由于企业经营者和外部投资者之间的信息不对称，投资者可通过融资结构来推断企业的经营状况做出投资决策[①]。比如，当企业的资产负债率较高时，投资者认为企业的举债能力和还本付息能力较强，进而企业的成长性较好，因此股价会提高，企业经营者将受到奖励；同样地，当企业更多地依靠股票市场进行融资时，投资者会认为企业的举债能力和还本付息能力较差，企业股价会下降，企业风险加大，经营者将会受到惩罚——企业破产风险和失业风险。可以看出，在激励理论下，企业的资本结构作为一种信号传递给投资者，投资者认为债务融资更能反映出企业有较好的发展前景，而股权融资反映出企业经营不善，因此激励理论鼓励企业采用债权融资而不是股权融资，以此来降低企业风险和经营者风险。所以，在激励理论下，企业的融资结构会影响经营者的经营行为和投融资行为，进而影响企业价值和未来现金流。

6. 控制权理论

1980 年以后，企业融资结构对公司治理效率的影响受到关注，认为企业经营者对融资决策的选择能够影响公司的治理结构和效率。主要代表人物有哈瑞斯、阿洪、伯格洛夫等[②]。

（1）哈瑞斯从詹森和梅克林从提出的代理成本问题出发，认为企业投资

---

① 李春琦，石磊. 国外企业激励理论述评 [J]. 经济学动态，2001（6）：61 – 66.
② 胡凯，谢申祥. 企业控制权理论综述 [J]. 经济纵横，2006（6）：78 – 79.

者和经营者之间是"委托代理"关系，存在代理成本，经营者和投资者之间存在利益冲突，因此投资者要对经营者进行一定的激励和监督。而企业债权融资，一方面，可以使投资者了解有关企业经营状况的相关信息，另一方面，可以使投资者根据获取的信息分析经营者的能力进而决定对其进行激励还是惩罚[①]。因此说，企业的债权融资在一定程度上有利于促进和完善公司治理结构中的监督机制和约束机制。在此情况下，对于经营者而言，如果想对企业拥有更多的控制权，会更多地选择内部融资，因为债权融资更有利于加强投资者和银行的控制权。融资先后顺序为：内部融资、股权融资、债权融资。而从公司治理角度而言，为了加强投资者对经营者的监督和约束，企业融资结构的顺序应该为：债权融资、股权融资和内部融资。

（2）阿洪从财务契约角度研究并阐述控制权理论。根据伯尔顿的研究，控制权理论主要包括以下三种情况：①企业使用普通股融资方式，投资方掌握剩余控制权；②企业使用优先股融资方式，掌握剩余控制权；③若采用债权融资，按期还本付息，则剩余控制权在企业经营者手中[②]。反之，如果企业不能按期还本付息，剩余控制权将会发生转移。

（3）伯格洛夫则从公司资产的流动性、稳定性、安全性方面出发，研究资本结构的控制权问题。研究表明，企业经营者进行融资决策时，必须对投资者做出"还本付息"的承诺[③]。这种承诺一般使用如下的方式做出：一种方式是企业对外部投资者承诺，当处于某一情况下，投资者对企业特定资产或者现金流拥有所有权；另一种方式是企业将一部分决策权转让给外部投资者。可以看出，在两种方式下，企业目标无法实现时，控制权都转移给投资者。其中，第一种方式是保持距离型融资，进而形成目标型公司治理模式；第二种方式是控制导向型融资，进而形成干预型公司治理模式。

由此可见，传统企业融资理论源于 MM 理论。由于 MM 理论的假设条件过

① Harris, Milton, Artur Ravive: Capital structure and the informational role of debt [J]. The Journal of Finance, 1990, 45 (2): 321 – 349.

② P. Aghion, P. Bolton: An incomplete contracts approach to financial contracting [J]. Review of Economic Studies, 1992 (59): 473 – 494.

③ Berglöf, Erik, and Gerard Roland. Bank restructuring and soft budget constraints in financial transition [J]. Journal of the Japanese and International Economies, 1995, 9 (4): 354 – 375.

于严苛，后续学者在不断放松假设的情况下，相继提出了权衡理论、优序融资理论、代理成本理论、激励理论和控制权理论。但实际上，这些理论都是从某一角度出发解释企业融资决策和资本结构问题，尚未形成完善的理论体系，"资本结构之谜"依然有待学者解决。

2.1.2 企业融资需求理论

融资需求理论主要包括金融缺口理论、信贷配给理论、小企业关系型贷款理论和企业金融成长周期理论等，具体如下。

1. 金融缺口理论

1931 年由麦克米兰提出"金融缺口"，他发现企业存在长期资本短缺的情况。英国学者雷等将"金融缺口"的存在定义为：当小企业投资的边际收益大于边际成本，但由于资金供给的中断而不能进行有盈利潜力的投资，导致小企业不能通过正常投资来实现其增长潜力[1]。一些学者从"资本缺口"和"债务缺口"来理解金融缺口的内涵。英国学者博尔顿和威尔逊的研究表明，中小企业筹集一定数额以下的资本时都面临一定的资本缺口[2]。同时，银行的"惜贷"现象会形成债务缺口[3]。

2. 信贷配给理论

银行出于利润最大化动机而发生的在一般利率条件和其他附加条件下，信贷市场不能出清的现象被称为均衡信贷配给[4]。波特斯伯格将"信贷配给"定义为：即使借款方同意按照合同条款进行支付，它们的信贷需求也不能被满足的情况。众多学者从不同角度阐释了信贷配给的生成机制，斯蒂格里兹认为逆

---

① 徐洪水. 金融缺口和交易成本最小化：中小企业融资难题的成因研究与政策路径——理论分析与宁波个案实证研究 [J]. 金融研究，2001（11）：47-53.

② Ray, Carolyn S., et al., Effects of Obesity on Respiratory Function 1-3 [J]. American Review of Respiratory Disease, 1983, 128（3）：501-506.

③ 马秋君. 中国高科技企业融资问题研究 [M]. 北京：北京科学技术出版社，2013：32-33.

④ 于春红. 我国高新技术企业融资体系研究 [D]. 哈尔滨：哈尔滨工程大学，2006.

向选择是产生均衡信贷配给的基本原因①。银行面对众多贷款需求且不能分析它们的风险时，会在一个低于竞争性均衡利率但能使银行预期收益最大化的利率水平上对贷款人实行配给。此后，学者们不断改进模型的假设条件，丰富了信贷配给理论。

3. 小企业关系型贷款理论

相较于大企业，小企业的信息不透明程度更高，银行等传统金融机构难以获得该类企业的真实经营信息，所以往往不愿意为它们提供贷款。自 20 世纪 90 年代，学者们开始研究小企业与银行的关系对获得贷款的影响。该理论认为，小企业有较强的"关系"可获得较低的贷款利率，并且可以减少抵押物②。银行在信息生产的比较优势能化解逆向选择，降低贷款利率，但其捕获效应使利率降低的可能性很小。该理论逐步分化为两个分支：一是信息占有问题使得银行获得垄断地位，小企业未来的信贷条件更差。二是建立"关系"与信贷价格和数量的模型，认为除非小企业一期违约，否则不管贷款机构数量如何，其在二期不会获得更差的贷款条件③。最初小企业对"关系"的投资是负回报，之后其可能在信贷市场上获得买方垄断地位，可选择是否终止信贷关系或是否更换银行④。

4. 企业金融成长周期理论

韦斯顿提出了企业金融生命周期假说⑤。早期的金融成长周期理论更多考虑的是企业资本结构以及利润等，较少考虑信息等隐性因素。企业各阶段资金来源如表 2 - 1 所示。

---

① Stiglitz, J. E., Weiss A. Credit Rationing in Markets with imperfect Information [J]. American Economic Review, 1981, 17 (3): 393 - 410.

② 刘芬. 中小企业融资与银行关系研究综述 [J]. 北方经贸, 2007 (10): 113 - 115.

③ 刘彬. 中小企业融资研究理论综述 [J]. 南开经济研究, 2005 (2): 108 - 112

④ 马秋君. 中国高科技企业融资问题研究 [M]. 北京：北京科学技术出版社, 2013: 32 - 322.

⑤ Weston, J. F., Brigham E F. Managerial Finance [M]. New York：Dry den press, 1970.

表 2-1　　　　　　　　　　企业金融生命周期与资金来源

阶段	资金来源	潜在问题
创立期	创业者自有资金	资金不足
成长阶段Ⅰ	自有资金、留存利润、银行短期贷款等	存货过多、流动性危机
成长阶段Ⅱ	以上来源 + 金融机构的长期融资	金融缺口
成长阶段Ⅲ	以上来源 + 证券发行市场	控制权分散
成熟期	以上全部来源	保守的投资回报
衰退期	资本撤出、企业并购、清盘等	下降的投资回报

资料来源：汤继强. 我国小微企业融资政策研究：基于政府的视角 [M]. 北京：中国财政经济出版社，2008：26.

1998 年，伯杰等经济学家将企业生命周期与融资相结合，形成了企业金融成长周期理论①。该理论揭示了在不同成长阶段的资本结构的变化规律。根据金融成长周期理论，企业应当根据自身所处的发展阶段进行合适的融资安排②。在初创期，由于成立时间短，缺乏有效的经营记录和完整的绩效信息，几乎难以获得外源融资的支持。在这种情况下，只能依赖内源融资；在成长期，企业规模扩大，可抵押资产增加，信息更透明，可以获得权益或债务融资等外部资金；在成熟期，经营管理制度逐步完善，在公开市场融资的条件下，债务融资比重将会逐步下降，股权融资比重会逐渐上升。该理论表明，随着约束条件的变化，企业融资渠道和结构在不同成长阶段将随之发生变化。企业金融成长周期理论揭示了中小企业融资结构随着生命周期演化的特征和规律。

2.1.3　企业创新性融资方式

随着资本市场的发展，一些传统的融资方式已经不能适应企业发展的实际情况。近年来，随着新技术在金融领域的渗透和应用，出现了大量的新型融资

---

① Allen, N. Berger, Gregory F. Udell. The Economics of Small Business Finance: The Roles of Private Equity and Debt Markets in the Financial Growth Cycle [J]. Journal of Banking and Finance, 1998, 22 (6 - 8): 613 - 673.

② 梁益琳. 创新型中小企业成长、融资约束与信贷融资策略研究 [D]. 济南：山东大学，2012.

方式。例如，知识产权融资、项目融资、供应链融资等创新性融资方式不断涌现。现对出现的新的融资方式作如下简要的分析。

1. 知识产权融资

知识产权融资是指知识产权所有权人通过知识产权获得资金支持的方式，其中，知识产权主要包括商品专用权、著作权、专利权、版权等。知识产权融资主要分为两种：第一种是知识产权质押融资，即企业通过将其拥有的知识产权质押或担保的形式，获得银行等资金供给者的资金支持；第二种是通过知识产权资本化的方式来获得融资，主要指通过知识产权进行股权融资的行为。企业进行的知识产权融资对于知识产权有特定要求，具体如下：一是该知识产权有明确产权；二是该知识产权由企业拥有或控制；三是该知识产权可以计量评估、使用及转让。知识产权融资主要为处于初创期或种子期的中小企业服务，是解决中小企业融资约束的一个有效手段。但是，知识产权融资由于是无形资产抵押，其实际操作过程中面临评估难、风险大、监管难的问题，因此国内企业较少采用知识产权融资。相比而言，国外知识产权融资更多，主要通过建立知识产权证券化机制、信托机制、融资担保机制的方式，降低知识产权融资的风险。

2. 项目融资

项目融资是一种不同于传统融资的新型融资方式，是为了特定项目而进行的融资，贷款人通过项目收益来获得本息，最终目的是促成项目的有效落实。其定义分为广义和狭义。广义项目融资涵盖建设新项目、收购已有项目、已有项目债务重组融资。狭义项目融资仅指建设新项目，使用新项目的资产、预期收益或者权益来偿还本息，并最终获得贷款的融资活动。通常所指的项目融资都是狭义的项目融资。有如下几个特征：一是有限追索。项目融资中，企业（项目投资者）与贷款人（银行等）达成一致，只在项目建设期内对投资者进行追索，或者只能依靠项目收益来偿还贷款本息，一旦项目完工，贷款立即终止，投资者无须再偿还本息，贷款人也没有权利追索贷款。二是融资风险大而分散。项目融资由于没有抵押产品，对于贷款人来说风险巨大。一般情况下，不会存在单一贷款人，投资者往往同时与多家贷款机构签署项目融资合同，并在合同中规定每家贷款结构的贷款数额和风险分配，以此来降低每个贷款人的风险。因此，对于贷款人而言，项目融资风险大，但同时风险能够有效分散。如果风险无法有效分散，投资者很难获得贷款人的资金支持。三是融资成本高。由于项目融资风险高，贷款人为了规避风险，往往对项目投资者提出比一般抵押贷款更高的利息；同时，项目融资时，投资者往往融资比例巨大，大多超过了50%，有的甚至100%融资，因此，对于该项目而言，融资成本极高。

从目前的发展实践来看，项目融资主要包括以下几种形式：一是使用协议模式，即项目投资者以建设项目的使用为担保获得贷款支持，比如供电等基础设施建设；二是投资者以产品作为担保获得贷款支持，比如石油、天然气等项目；三是杠杆租赁形式，属于融资租赁，出租人支付部分购置成本，贷款人提供剩余设备购置成本，也即项目租赁融资，该模式适用于中小型企业；四是BOT/PPP模式，是政府与私人企业之间的合作融资模式，政府和私人企业风险共担；五是资产证券化融资模式（ABS），即将缺乏流动性的资产按照一定的风险分配方式在金融市场上交易和流通。

3. 供应链融资

供应链融资概念的提出源于实践，在供应链融资活动不断发展的情况下，国内外学者们才开始深入研究供应链融资。供应链融资是以供应链上的核心企业为中心，通过抵押应收账款、存活等进行的融资活动，其主要解决供应链条上核心企业的上、下游企业的融资困境。在具体实现过程中，核心企业一般是能够持续经营、具有良好资信、成长性较好的企业，一般不会面临融资约束。但处于供应链上的核心企业的上、下游企业，可能是抵押资产较少、规模小、风险大、资信低的中小企业，通常面临银行等的融资约束。为了有效解决核心企业的上、下游企业的融资约束问题，银行等金融机构可以通过核心企业来监控、了解上、下游中小企业的资金流和物流，并以核心企业的信用资质作为担保，以避免违约风险。可以看出，供应链融资主要是服务于供应链上、下游的中小型企业，并且是以应收账款等流动资产作为抵押，核心企业使用自己的信用为供应链上的企业进行担保，一定程度上在解决中小企业融资难、融资贵方面起到了非常重要的作用。

供应链融资是依托整个供应链条进行的，有效整合供应链条上的资金流、物流、信息流等，形成以核心企业为中心的闭环融资系统，从而实现以流动资产作为抵押的创新融资方式。突出特点为：一是银行等金融机构可以动态掌握融资企业的经营状况。银行等金融机构可通过核心企业充分了解、控制融资企业（核心企业的上、下游企业），可以对融资企业的盈利能力、偿债能力、成长性等做出判断，以降低贷款的违约风险。二是融资风险具有整体性。以核心企业的信用为担保，以链上企业流动资产作抵押，这样融资风险由整个供应链来承担，风险具有整体性。三是融资风险有效降低。供应链融资的情况下，上、下游企业虽然以流动资产作为抵押，但是核心企业对银行做出担保，就保证了上、下游企业的持续经营和持续现金流，相比传统的融资方式，银行等金融机构融资风险大大降低。

综上可以看出，随着实践的发展，融资理论不断完善，出现了知识产权融资、项目融资、供应链融资等新型融资方式，这些融资方式可以有效解决资金需求方和资金供给方的信息不对称，缓解企业尤其是中小企业的融资困境。但是，随着互联网等技术的发展，企业的经营方式、经营理念等都发生巨大变化，这些新型的融资方式渐渐地也不能满足企业发展需要，很多中小型企业迫切需要新的融资方式来解决其融资困境。

2.2　互联网背景下融资研究

互联网、Web3.0、大数据技术等的发展，使得企业不断变革经营方式、发展理念、盈利模式，线上付费线下服务（OTO）、微信营销等商业模式不断涌现。在互联网大变革的背景下，融资模式也发生巨变：一方面，传统的银行贷款等融资模式过于固化、保守，无法满足众多中小企业融资需求；另一方面，互联网金融涌现，网络融资模式集体爆发。融资理论随之不断发展，出现了一系列互联网背景下的新型融资理论。

2.2.1 云融资

云融资理论内涵源于云创新理论，在网络融资实践发展中提出。云创新是组织或个人以创新为目的，通过互联网、现代通信等新兴技术把组织内外部巨大的、自主的、动态的创新资源有机整合起来，运用科学的管理方式、运作过程以及合作机制，超越组织边界和地域限制，由众多利益相关方共同组成的，具有开放、民主、共享、自由等基本特征的创新模式①②。在此基础上，学者们将云创新理论应用在融资上，提出云融资方式。例如，王洪生认为科技型中小企业的云融资是其根据不同成长阶段的资金需求特征，通过对政府扶持资金、传统金融机构、天使投资、风险资金、资本市场资金、民间社会等资金进行整合，为科技型中小企业提供效率便捷的资金服务③。

在此基础上，学者进一步研究云融资的特征、运行机制、风险等。总体来看，云融资具有以下几个特征：一是有效缓解资金供需双方之间的信息不对称。云融资模式下，资金需求者将自己的信息发布在云融资平台，云融资平台对其财务、经营状况进行审核和担保，并对其进行信用评级，从而有效缓解资金需求双方之间的信息不对称。二是低成本，高效率。云融资模式下，融资需求者将个人融资信息发布在云融资平台，无须经过传统融资模式下烦琐的审核机制，云融资平台运用大数据、互联网等技术能够实现快速审核，因此融资过程低成本、高效率。三是融资风险有效分散。云融资模式下，通过云平台的审核、多资金供给者参与，可以有效分散风险。四是多主体参与。云融资模式下，除了资金供需双方外，还有担保机构、云融资平台、信用评级机构、政府等多个参与主体。总而言之，云融资是一个多主体参与的低成本、高效率，能够有效解决中小企业融资困难的创新融资方式。

---

① 张玉明. 云创新理论与应用［M］. 北京：经济科学出版社，2013.
② 张正，王孚瑶，张玉明. 云创新与互联网金融生态系统构建——以阿里金融云为例［J］. 经济与管理研究，2017，38（3）：53 - 60.
③ 王洪生，张玉明. 科技型中小企业云融资模式研究——基于云创新视角［J］. 科技管理研究，2014，（13）：76 - 81.

2.2.2　互联网金融

互联网金融的概念也是伴随着互联网金融实践发展而产生的，尚未有学者对其进行系统研究。伊科诺米季斯基于网络经济理论，提出互联网金融发展的逻辑框架，认为互联网金融能够降低信息不对称，实现金融脱媒[①]。谢平等学者提出互联网金融是不同于银行间接融资和资本市场直接融资的第三种金融融资模式[②]。之后，一些学者进一步对互联网金融进行了较多的研究，提出了各自的观点，但从本质上来说对互联网金融的界定基本保持一致。吴晓求认为互联网金融是指具有互联网精神、以互联网为平台、以云数据整合为基础而构建的具有相应金融功能链的新金融业态，也称第三金融业态，并将互联网金融大体归为第三方支付、网络融资、网络投资、网络货币四类[③]。虽然学者们从不同角度对互联网金融进行定义，并且提出了互联网金融的不同表现形式，但无论哪种形式的互联网金融，都具有以下几个共同特征：①服务客户主要是中小微企业。互联网金融是不同于传统金融机构的金融业态，其发展之初的目的就是解决中小企业的融资困境，因此互联网金融的服务客户主要是中小微企业。②依托于互联网技术、大数据技术。互联网金融是在电脑终端进行的融资投资活动，必须依赖互联网技术的发展，包括网站设计、互联网安全等；同时，要依托大数据技术分析众多中小企业的实际经营状况、发展潜力、信用状况等，并依托大数据技术分析资金供给者的数量、特征等。③开放性。从以上的分析来看，不管哪种形式的互联网金融，都是以一定的互联网金融平台为载体的，使得资金供需双方可以更加便捷地获取信息，提高信息的透明度。

在此基础上，学者们继续研究了互联网金融的风险问题[④][⑤]。有关互联网金融风险，主要集中在以下两个方面，第一有关互联网金融风险的分类：互联

---

① Economides, Nicholas: The impact of the Internet on financial markets [J]. Journal of Financial Transformation, 2001 (1): 8 - 13.

② 谢平，邹传伟. 互联网金融模式研究 [J]. 金融研究，2012 (12): 11 - 22.

③ 吴晓求. 互联网金融的逻辑 [J]. 中国金融，2014 (3): 29 - 31.

④ 李克穆. 互联网金融的创新与风险 [J]. 管理世界，2016, 269 (2): 1 - 2.

⑤ 刘志洋. 互联网金融监管"宏观—微观"协同框架研究 [J]. 金融经济学研究，2016 (2): 106 - 116.

网金融主要面临法律风险，比如是否触及"非法集资"等红线；资金安全风险，即投资者将资金放入互联网平台是否安全，是否会出现平台"跑路"这一现象；经营风险，互联网金融平台是否有完整的内控制度，能否持续经营下去；技术风险，即互联网平台的技术能否保证投资者、融资者的信息不泄露，能否保证平台的安全有效运行，能否彻底避免平台被不法分子人为操纵。第二有关互联网金融风险的防范和监管，主要从三个方面来考虑：一是政府方面，政府要加强有关互联网金融的法律法规的建设和完善，加强政府和司法部门、金融部门的协调，防范互联网金融的违法犯罪行为；二是技术方面，建立互联网金融监管的技术平台，优化互联网金融运行的技术环境；三是行业自律和内部控制，要建立互联网金融行业的内部控制制度和行业自律组织，有效防范、及时发现有可能出现的风险和问题。

2.3 传统融资模式与网络融资模式比较分析

在传统融资理论下，企业主要采用银行贷款、资本市场融资这两种方式，而这两种方式也主要适用于大中型企业。在传统融资模式下，中小企业一直面临银行等金融机构的融资约束。随着互联网技术的发展，民间小额借贷模式（P2P）、众筹、第三方支付等网络融资模式出现，这些融资模式主要服务对象就是中小企业，对促进中小企业发展发挥重要作用。传统融资模式和网络融资模式之间有如下差别。

2.3.1 服务重点不同

传统融资模式主要服务于大中型企业。根据 MM 理论、优序融资理论、控制权理论等传统融资理论，企业的融资方式有内部融资和外部融资，企业应该首选内部融资，其次是股权和债权融资等外部融资。股权融资主要从资本市场获取，债权融资可以从银行等金融机构或者债券市场获取。但是，股权融资要求企业发展到一定规模、经营状况较好、拥有一定的资产、有发展潜力才可以通过 IPO 的形式上市融资，小微型企业上市融资几乎是不可能的；而对于债权融资而言，中国的债券市场尚不发达，企业的债权融资主要通过银行等金融机构进行，但银行等金融机构在审核贷款时要求"有资产抵押、经营状况良好、持续经营"等，多数科技型中小企业往往轻资产，即以无形资产等为主，所以难以满足银行信贷的要求进而获得银行贷款。

网络融资模式主要服务于中小微企业。根据云融资理论、长尾理论、互联网金融理论等网络融资理论，网络融资方式主要有 P2P、众筹、第三方支付、大数据金融等，无论哪种形式都具有开放性、信息共享、轻资产、无抵押等特征，而这些恰恰与中小微企业融资高度契合。中小微企业都是处于种子期和初创期的企业，由于信息不对称、无抵押、风险高，无法通过传统融资方式获得发展所需资金，而网络融资方式则能满足中小微企业发展需求。

2.3.2　风险特征不同

在银行贷款等传统融资模式下，对于贷款者而言，由于服务对象主要面向大中型企业，对贷款企业审核严格，并且有严格的风险控制机制，风险相对较小；同时，传统融资模式下，贷款者与企业之间一般是一对一的关系，很少会存在多对一的情况，即一个企业最多同时向十家贷款机构提出贷款要求，因此对于借款者而言，贷款风险集中。而对于企业来说，也主要面向几家银行等贷款机构还本付息，风险比较集中。在股票融资这一传统融资模式下，企业面临的风险主要是退市风险，但只要不是经营出现重大问题，基本不会面临退市风险，因此，在此模式下，企业面临的风险小而集中。

在 P2P、众筹等网络融资模式下，借款人都可以通过网络融资平台对投资项目进行投资。在网络融资平台寻求融资的项目，多数是高不确定性和风险很高的项目，投资者面临很高的投资风险；但同时，网络融资模式下，借款人具有"大众化"特征，即一个项目往往由上百个借款人共同承担，这样风险被有效分散。因此，在网络融资模式下，风险虽大却被有效分散。

2.3.3 参与主体不同

在银行借款这一传统融资模式下，参与主体主要是企业和金融机构，企业向金融机构提出贷款申请，金融机构对相关材料审核通过后即可以借款给企业；在股票融资这一传统融资模式下，参与主体主要是企业、股东及证监会等监管部门，企业提交上市材料，通过证监会等监管部门审核后，即可上市融资，上市后股票正常交易，企业通过高送转等形式可以不断进行后续融资。

在P2P、众筹等网络融资模式下，主要的参与方包括借款者、贷款方、平台方、中介机构等。其中，贷款方也就是提供资金者或投资方，既可以是个人，也可以是第三方机构；借款者是需要进行资金融通的个人或者企业；网络融资平台是连接借款者和贷款方的中间机构，一般是以网站的形式出现，借款者将自己的项目信息或者借款信息发布到融资平台上，融资平台对借款者发布的项目信息进行初步审核后正式挂出，贷款方根据自己的喜好和资金情况决定是否进行投资；中介机构主要是指担保机构，担保机构主要是对网络融资平台进行担保，防止出现资不抵债等现象，也在一定程度上避免垃圾项目的发布。在第三方支付这一网络融资模式下，主要参与主体是消费者（支付者或借款者）、第三方支付平台、担保机构，消费者（支付者或借款者）可以使用信用融资在第三方支付平台消费或者借款，担保机构对此进行担保，保证资金安全和交易的正常进行。因此，网络融资模式下，参与主体更加广泛。

2.3.4 资金提供方特征不同

在银行贷款这一传统融资模式下，资金提供方是银行等金融机构，具有贷款人单一、贷款金额大、贷款期限长的特征。通常情况下，企业一般是在关系好的几家银行寻求信贷资金，所有贷款人具有相对集中或单一的特征。企业贷款一般的需求主要是扩大经营规模、新项目投资等，对资金的需求量会较大。同时，这种项目的投资周期较长。在股票融资这一传统融资模式下，借款者是股东或者投资者，大股东一般是企业的实际控制人，中小股东具有较高的流动性和相对分散性的特征。

而在（P2P）、众筹等网络融资模式下，资金提供方具有多样化、大众化、收益多元化的特征。多样化是指贷款者可以是个人，也可以是银行等金融机构，还可以是企业。大众化是指人人都可成为提供借贷资金的主体，都可以从投资中获得可能的回报。收益多元化，是指贷款者既可以选择"还本付息"这种收益方式，又可以选择获得产品或服务这种收益方式，也可以选择获得股权或债权这种收益方式，还可以选择组合收益形式来获取收益。

2.3.5　效率不同

在银行贷款这一传统融资模式下，贷款程序经过企业申请、材料提交、银行审批、贷款发放等程序，少则一个月，多则几个月，整个贷款流程较复杂，贷款效率低。在股票市场融资这一传统融资模式下，企业第一次向公众发行股票（IPO）审核要经过受理、反馈会、见面会、问核、预先披露、初审会、发审会、核准发行等多个流程，最快 3 个月，一般都要在 6 个月左右，最慢长达 1~2 年，而且能够通过审核的企业并不多，因此股权融资效率较低。根据以上的分析，传统融资模式的程序复杂，审核审批周期长，融资效率相对较低。

在 P2P、众筹等网络融资模式下，借款者将网络融资平台审核通过的项目信息发布在网络融资平台上，贷款者（投资者）看到后可以立即进行投资、立即决定投资金额，并且，由于网络融资平台对所有人都是开放的，加上网络的传播性强，借款者往往最快一天，最慢一个月即可筹集到发展所需要的资金。网络融资模式下，融资程序简单，融资效率高。

2.4　科技型中小企业融资文献可视化分析

前两节归纳梳理了科技型中小企业融资的理论，并对传统融资模式和网络融资模式进行比较分析。本节主要通过 CiteSpace 软件对 2000—2019 年科技型中小企业融资的文献进行可视化分析。直观了解目前该领域国内外学者对科技型中小企业融资研究的方向及热点问题，为后续分析奠定技术基础和理论基础。

2.4.1 数据来源与研究方法

为确保得到完整、可靠的原始数据，本书选用中国知网（CNKI）和 Web of Science 核心合集数据库中的数据。在中国知网中选择高级检索，选择检索条件为关键词＝"科技型中小企业"含有"融资"的论文，时间跨度设为 2000—2019 年，共搜索到 348 篇"篇名"含有"科技型中小企业、融资"的期刊论文，由于 2019 年文献并未发表完全，故只计 2019 年 5 月 14 日前的文献；筛选过程中，与主题相关的辑刊、会议等文章被剔除后，共获得 322 篇可用于可视化分析的文献；通过 CiteSpace 转码处理文献信息，选择纯文本文件 Refworks 格式进行导出，作为样本数据库。同样，在 Web of Science 上的数据收集，以主题＝（technology SMEs financing）进行检索，时间限定为 2011 年 1 月 1 日—2019 年 5 月 14 日，筛选文献类型为"主题"，时间跨度设为 2011—2019 年，共获得相关文献 54 篇。检索文献完成后，进行 WOS 数据导出，保存导出为"其他文件格式"。导出数据格式设置为全记录与引用的参考文献，并作为样本数据库。

CiteSpace 是美国雷德赛尔大学陈超美博士与大连理工大学 WISE 实验室联合研发的必须在 Java 语言环境下进行操作的可视化文献分析软件[①]。本书运用 CiteSpace 5.0 R2 版本进行可视化分析，对从 CNKI 数据库和 Web of Science 核心合集数据库中检索到的科技型中小企业融资的文献进行共现分析和聚类分析，包括关键词、作者及机构的合作分析，从而全面地掌握该领域内主要研究学者、研究机构之间合作的密切程度，得出该领域内目前以及未来的研究趋势和研究热点，探寻知识演化的关键路径，并以科学知识图谱形式加以展示。

---

① Chen Chaomei. CiteSpace Ⅱ: Detecting and Visualizing Emerging Trends and Transient Patterns in Scientific Literature [J]. Journal of the American Society for Information Science and Technology, 2006 (3): 359 –377.

2.4.2　研究前沿分析

本书对科技型中小企业的关键词、研究学者及研究机构进行可视化共现分析，数据经过 Excel 汇总整理，梳理出我国学者对科技型中小企业融资的研究热点，描绘科技型中小企业融资的发展路径及其转折点。

1. 文献时间及数量分布统计

本书根据 CNKI 全文数据库和 WOS 数据库导出的文献数据，通过 Excel 表格绘制出 2000—2019 年关于科技型中小企业融资研究发文量的趋势图。图 2-1 和图 2-2 表明了随时间变化的作者发文量总数。从图 2-1 中可以看出，2000—2005 年期间，总发文量较少，只有 18 篇，平均每年 3 篇，可见，只有部分学者关注科技型中小企业的融资问题，该知识的研究状态还处于萌芽阶段，存在很大的研究空间。2008—2014 年是科技型中小企业融资研究的快速上升期，2014 年达到了最高峰，总共 40 篇，该领域学者开始高度重视科技型中小企业融资情况。2015—2018 年，发文量呈现下降趋势。2019 年未统计完全，故忽略不计。图 2-2 为科技型中小企业融资外文文献的发文量，总发文量较少且每年未超过 10 篇，可以看出，国外学者对科技型中小企业融资的关注度相较于我国重视度较低。

图 2-1　CNKI 科技型中小企业融资研究文献年份分布

图 2 - 2 WOS 科技型中小企业融资研究文献年份分布

2. 关键词共现分析

文献关键词细化和概括了文献全文的内容，起到了文献知识信息的标引作用。对科技型中小企业文献的关键词进行共现分析，能够更快、更详细地挖掘关于科技型中小企业融资方向的潜在信息和规律，掌握其总体情况。

（1）基于 CNKI 数据库。首先，将已下载完成的样本文献数据导入 CiteSpace 进行转码处理，将其时间跨度设定为 2000—2019 年，时间切片设置为 1，选择 Keyword 节点类型按钮，其他选项均为默认设置，运行 CiteSpace，从而生成科技型中小企业融资关键词共现知识图谱（见图 2 - 3）。

图 2 - 3 CNKI 科技型中小企业融资关键词共现知识图谱

图谱中每个关键词用一个节点表示，节点越大，出现频率越多；关键词之间的连线表示共现关系，共现的强度用线段粗细来表示。分析科技型中小企业融资关键词科学知识图谱得出，图谱中关键词密度为 0.1316，共有 20 个关键词节点，节点之间的连线为 25 条。通过分析三者的大小与相互关系，说明科技型中小企业融资的研究范围较为集中，但受到限制，学术网络已初具规模。另外，"科技型中小企业""中小企业""风险投资""知识产权"等关键词节点体积较大。

其次，从图 2-3 可以看出，除了图中清晰可见的主要关键词节点之外，还存在一些散落的小节点，这些小节点揭示了目前该领域学者正关注的热点问题，同时由于研究文献较少，也表明了这方面有很大的研究发展空间。在关键词共现分析中，关键词中心度是指对整个网络资源以及关键词之间通过的信息流量的控制水平[①]。对图谱中的关键词进行汇总分析，按照关键词中心度水平对关键词进行筛选，列举了排名前 15 位中心度水平较高的关键词（见表 2-2）。

由表 2-2 可以发现，中心度主要集中在"科技型中小企业"这一关键词上，其次是"中小企业""知识产权""风险投资"等关键词。还存在一些中心性较小的小节点，如"新三板""科技银行""金融创新""科技金融""互联网金融""创业板"等节点，反映出我国学者近年来的研究向资本市场、互联网金融、金融创新等方向探索，并围绕这些关键词展开后续研究。

表 2-2　　　　　　　　　CNKI 频次排名前 15 位的关键词分布

序号	频次	中心性	关键词	年份
1	228	1.84	科技型中小企业	2002
2	48	0.40	中小企业	2004

---

① Small H. The synthesis of specialty narratives from cocitation clusters [J]. Journal of the American Society for information Science, 1986 (37): 97-110.

序号	频次	中心性	关键词	年份
3	14	0.02	知识产权	2011
4	13	0.00	科技型	2007
5	12	0.00	风险投资	2008
6	10	0.00	新三板	2015
7	5	0.00	科技银行	2013
8	5	0.00	金融创新	2014
9	4	0.00	创业投资	2006
10	4	0.00	知识产权质押	2012
11	4	0.00	科技金融	2014
12	3	0.00	cepa	2006
13	3	0.00	生命周期	2012
14	3	0.00	互联网金融	2017
15	2	0.00	创业板	2010

（2）基于 WOS 数据库。从 Web of Science 核心合集数据库中提取的样本文献数据重复上述 CNKI 文献数据的导出工作，只将时间跨度设定为 2011—2019 年，其余操作与 CNKI 数据导出一致，从而生成 WOS 科技型中小企业融资关键词共现知识图谱（见图 2 - 4）。

通过分析图 2 - 4 可以得出，科技型中小企业融资关键词密度值为 0.2569，共绘制出 23 个关键词节点，65 条节点连线。说明国外学者对科技型中小企业融资问题的研究比较集中，关键词之间关联强度较高。此外，中小企业（SME$_s$）、创新（innovation）、技术（technology）、成长（growth）、绩效（performance）和企业（firm）等关键词节点体积较大。可见，国外学者主要关注科技型中小企业的创新成长与发展。进一步对图 2 - 4 中的关键词进行汇总分析（见表 2 - 3），发现关键词中小企业（SME$_s$）的集中度较高，其次是创新（innovation）技术（technology）成长（growth）绩效（performance）等标识词。从 2016—2018 年的标识词中可以看出，该领域学者开始向科技型中小企业融资的"竞争优势"研发（R&D）以及"政策、发展补贴"等研究方向延伸。

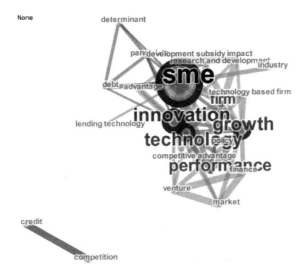

图 2 - 4 WOS 科技型中小企业融资关键词共现知识图谱

表 2 - 3   **WOS 关键词分布**

序号	频次	中心性	年份	关键词
1	29	0.57	2012	中小企业（SME_s）
2	12	0.52	2012	创新（innovation）
3	9	0.2	2012	技术（technology）
3	9	0.21	2015	成长（growth）
4	8	0	2014	绩效（performance）
5	6	0.05	2014	企业（firm）
6	2	0	2011	信用（credit）
7	2	0	2011	竞争（competition）
8	2	0.03	2012	面板数据（panel data）
9	2	0	2012	决定因素（determinant）
10	2	0.02	2012	债务（debt）

序号	频次	中心性	年份	关键词
11	2	0	2013	信贷技术（lending technology）
12	2	0	2013	行业（industry）
13	2	0	2016	风险（venture）
14	2	0.01	2016	技术型企业（technology based firm）
15	2	0	2016	市场（market）
16	2	0	2016	融资（finance）
17	2	0	2016	竞争优势（competitive advantage）
18	2	0.01	2018	研发（research and development）
19	2	0	2018	政策（policy）
20	2	0	2018	影响（impact）
21	2	0.01	2018	发展补贴（development subsidy）
22	2	0	2018	优势（advantage）

3. 关键词聚类分析

关键词聚类分析是在关键词共现分析的基础上，通过"Clustering"按钮将同类关键词进行集合分组，生成的 CNKI 和 WOS 关键词聚类知识图谱。主要作用是将研究内容提炼、精化（见图 2 - 5、图 2 - 6）。本书主要关注两个重要计量指标：模块化分数和平均轮廓分数。这两个指标代表了图谱网络模块化程度，Modularity（模块化分数）——用来测量网络整体结构可以被划分为单独模块的衡量指标，其取值范围为 0 到 1 之间，值越大说明模块越独立，规定大于 0.3 较为合理，Silhouette（平均轮廓分数）——被用来评价聚类效果的好坏，取值范围为 - 1 到 1，越趋近于 1 越有效，规定该值 > 0.5[①]。

如图 2 - 5、图 2 - 6 所示，CNKI 和 WOS 可视化分析的模块分数为 0.444、0.3471，均大于 0.3，平均轮廓分数为 0.8426、0.7296，均大于 0.5，说明该

---

① Chen，C.，Ibekwe - Sanjuan. F.，Hou，J. The structure and dynamics of cocitation clusters：A multiple-perspective cocitation analysis［J］，Journal of the American Society for Information Science and Technology，2010（61）：1386 - 1409.

可视化分析各模块相互独立，模块之间关联度较高，网络聚类合理。如图 2-5 所示，图谱共生成 5 个关键词聚类标签，即"新三板""天津""银行""服务体系""内地与香港关于建立更紧密交易关系的安排（CEPA）"，图 2-6 共生成 4 个关键词聚类标签，即以上标签都显示了现阶段国内外学者对科技型中小企业资本市场、金融服务体系的关注度。

图 2-5　CNKI 科技型中小企业融资关键词聚类知识图谱

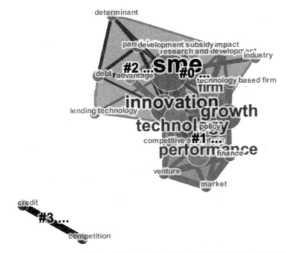

图 2-6　WOS 科技型中小企业融资关键词聚类知识图谱

4. 机构合作分析

在 CiteSpace 中选择"节点类型"（Node types）中的机构"机构"（Institution）按钮，再运行 CiteSpace，即可生成科技型中小企业融资研究文献的机构合作知识图谱，如图 2 - 7 所示。

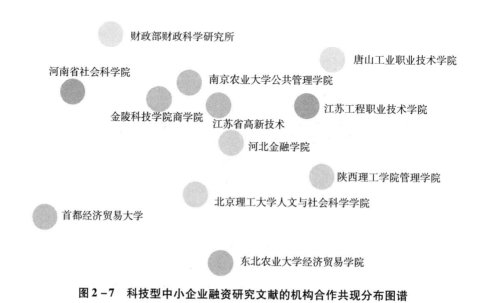

图 2 - 7　科技型中小企业融资研究文献的机构合作共现分布图谱

从图谱中可以看出，每个节点代表一个分析的对象——研究机构，机构发文量越多，所对应的节点越大，机构之间的协作情况用节点间的连线表示①。发文机构较少，只有 12 家，且协作程度较低，说明科技型中小企业融资的研究尚处于探索期，需要学术界的深入研究；研究机构之间的连线只有 3 条，则说明该领域内的学者大部分为独立研究，甚至为零合作，这种现象亟待改善。图 2 - 7 中最引人瞩目的唯一的合作研究是南京农业大学公共管理学院、金陵科技学院商学院与江苏省高新技术创业服务中心之间的合作。

同时，我们列举出了所有发文的研究机构（见表 2 - 4）。其中河北金融学

---

① 肖明，陈嘉勇，李国俊. 基于 CiteSpace 研究科学知识图谱的可视化分析［J］. 图书情报工作，2011（6）：91 - 95.

院是发文量最高的研究机构，总发文量为 4 篇。陕西理工学院管理学院发文量
为 3 篇，其他研究机构包括江苏省高新技术创业服务中心和财政部财政科学研
究所均为 2 篇。这表明对于科技型中小企业融资研究的主力军是创业中心以及
各大高校。

表 2－4　　　　　　　　　　　　发文机构　　　　　　　　　　　单位：篇

序号	机构名称	发文数
1	河北金融学院	4
2	陕西理工学院管理学院	3
3	东北农业大学经济贸易学院	2
4	北京理工大学人文与社会科学学院	2
5	南京农业大学公共管理学院	2
6	唐山工业职业技术学院	2
7	江苏工程职业技术学院	2
8	江苏省高新技术创业服务中心	2
9	河南省社会科学院	2
10	财政部财政科学研究所	2
11	金陵科技学院商学院	2
12	首都经济贸易大学	2

5. 作者合作分析

作者共现图谱是根据引文文献中作者的合作情况绘制而成。在 CiteSpace
中选择节点类型作者"Author"，生成该主题下研究文献的作者合作网络图示。
如图 2－8 所示，各节点作者离散程度较高，相对比较分散；作者之间只有 5
条连线，反映了该研究领域内，独立研究的作者较多，合作研究程度较低，只
有少部分作者为 2～3 人的小规模合作。通过对图 2－7 机构合作情况和图 2－8
的作者合作情况进行分析可以看出，作者与机构几乎是相对应的，倪杰来自金
陵科技学院商学院、马凯来自南京农业大学公共管理学院，陈凯来自江苏省高
新技术创业服务中心，且三所高校都坐落于江苏省会南京，可见，同一区域内

各研究机构及其作者的合作比较频繁。也可以发现，该区域对于科技型中小企业融资的关注度较高。

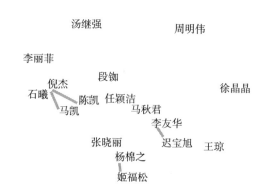

图 2 - 8 科技型中小企业融资作者合作共现分布图谱

本书汇总整理出发文量较多的作者排名表（见表 2 - 5）。从表 2 - 5 可以发现，作者发文量总体水平较低，皆为 2 篇，说明无论从深度或广度而言，对科技型中小企业融资的研究都不够深入，亟待进一步探讨。

表 2 - 5　　　　　　　　　发文量作者　　　　　　　单位：篇

序号	作者	发文数	序号	作者	发文数
1	马秋君	2	10	杨棉之	2
2	马凯	2	11	李友华	2
3	陈凯	2	12	李丽菲	2
4	迟宝旭	2	13	徐晶晶	2
5	赵雅敬	2	14	张晓丽	2
6	石曦	2	15	姬福松	2
7	王琼	2	16	周明伟	2
8	汤继强	2	17	倪杰	2
9	段铷	2	18	任颖洁	2

2.4.3　热点主题分析

热点主题分析是在绘制关键词聚类知识图谱的基础上，进行"Summariza-tion of Clusters"操作，形成关键词聚类报告，得到 CNKI 和 WOS 关键词共现网络聚类表（见表2-6、表2-7）。

表2-6　　　　　　　　　　　CNKI 关键词共现网络聚类

聚类号	聚类大小	标识词
0	10	新三板、科技金融、风险投资、对策、知识产权
1	4	天津、小巨人、融资、中小企业、创业板
2	2	Cepa、创业投资、科技型中小企业、科技、融资
3	2	服务体系、知识产权、体系、融资、质押
4	2	Cepa、创业投资、科技型中小企业、科技、融资

表2-7　　　　　　　　　　　WOS 关键词共现网络聚类

聚类号	聚类大小	标识词
0	7	发展补贴；生产效率；优势（development subsidy；productivity；advantage）
1	7	风险；成长；政府风险投资（venture；growth；government venture capital）
2	7	面板；债务；优序融资理论（panel data；debt；pecking order theory）
3	2	竞争；信用；银行贷款（competition；credit；bank lending）

通过对表2-6和表2-7中共现标识词的分析，将其进行分类汇总，概括总结出该领域学者目前对科技型中小企业融资研究的几个层面。

（1）对科技型中小企业融资方式层面的研究，共现标识词为：科技型中小企业、融资、知识产权、风险投资、创业投资、质押。近年来，融资难、融资贵的问题仍然阻碍着科技型中小企业的成长，如何有效帮助科技型中小企业摆脱融资困境是国内外学者长期研究的问题。研究表明，有效的融资方式是企业快速走出融资困境、实现长远发展的前提和基础。从聚类标识词可以看出，科技型中小企业的融资方式是不断变化升级的，逐渐从传统的银行向科技融资、风险投资、知识产权融资、质押融资等转化，方式愈加多元化。基于本书的汇总分析，其中风险投资研究文献共有 18 篇，最早始于 2002 年迟宝旭和李友华两位学者对科技型中小企业融资难的深层原因的剖析；对知识产权融资的研究起步较晚且数量较少，只有 12 篇，最早在 2010 年，周升平学者进行了知识产权融资工作的思考；对于质押融资的研究共有文献 10 篇，是继知识产权的研究之后，孙波学者在 2011 年展开对其融资道路的探讨。可见，科技型中小企业融资方式愈加丰富化，知识产权融资和质押融资作为两种新兴的资金募集方式①，为破解科技型中小企业投融资难题开辟了新的路径。风险投资者往往对具有高风险、高收益的企业表现出浓厚的兴趣，他们一般将筹集的资金投入具有较大发展潜力的高科技企业，恰好满足了风险投资者的投资偏好②。所以，科技型中小企业融资方式的研究必定成为整个学术界探讨的重点。

（2）对科技型中小企业融资体系建设的研究，共现标识词为：融资、服务体系、体系、科技金融、风险投资、创业投资、天津。这方面的研究重点是如何建设高效的融资体系。由于我国科技型中小企业具有高风险、高投入、高收益、创新性等特点，导致融资需求也呈现出市场化、多元化、组合化、社会化的特征，导致融资渠道较为单一、融资市场化水平较低且社会支撑体系不够完善③，为解决这一问题，构建融资体系刻不容缓。从共现标识词可以发现，该领域学者主要关注科技金融服务体系的建设研究。其中，科技金融的研究文献共有 10 篇，金融机构的研究文献共有 62 篇，金融市场的研究文献共有 10 篇。关于金融机构的研究最早在 2000 年，孙英隽学者探讨了促进中小企业发展的金融对策和金融市场研究。随着科学技术的不断升级，在 2009 年，有学者探讨了科技金融创新的作用。天津市科技型中小企业的融资是较为成功、值得各城市借鉴的案例，本书共搜索到 9 篇文献对天津市科技型中小企业融资的问题、对策、渠道、体系建设和国际化发展进行了全面分析，是各个城市应该效仿的榜样。我国的科技金融体系正处于不断上升和完善的阶段，在构建高效

---

① 宋新军．科技型中小企业知识产权融资问题分析［J］．中国商论，2018（8）：45-46.

② 马双双，郑建华．灰色关联度分析法在供应商选择中的应用［J］．物流工程与管理，2015，37（6）：129-130.

③ 文玲．科技型中小企业融资体系研究［J］．中国商论，2017（2）：30-31.

率的融资体系方面有待提高。

（3）对科技型中小企业资本市场研究，共现标识词为：融资、新三板、创业板、科技、更紧密交易关系安排（CEPA）。近年来，资本市场的不断扩大，为科技型中小企业融资提供了更多选择，资本市场领域包括新三板市场、创业板市场以及 cepa 条件下科技型中小企业融资对策的研究。关于新三板市场的研究共有 14 篇文献，分别从新三板市场的融资功能、市场流动性以及法律制度三个层面剖析了科技型中小企业融资困境问题。新三板市场作为科技型中小企业融资的重要渠道和平台，主要通过市场挂牌在新三板市场上募集资金，获得更多市场关注，从而获得金融融资服务①。经过多年的发展，该市场也在不断扩大规模，但是目前由于新三板市场发展尚不成熟，科技型中小企业在该平台的融资也步履维艰，这成为众多学者研究的热点话题。所以，新三板市场的缺口成了该领域研究的重点。创业板市场是第二股票买卖市场，能够有效地弥补主板市场不能直接为科技型中小企业提供融资的缺陷②，填补了我国资本市场的功能缺失③。CEPA 译为更紧密交易关系安排，是为了保证中国香港地区的繁荣发展，着力打造泛珠三角经济圈，促进香港地区与内地经济的共同发展，由中国内地与香港签署的协定。在 CEPA 条件下，为深圳一带地区科技型中小企业融资的发展提供了政策支持，充分利用香港地区发达的资本市场地位加强本地区金融、科技的发展④。

2.4.4　研究趋势分析

通过对上述图谱的分析，本书总结了该领域有关科技型中小企业融资亟待进一步探讨解决的前沿问题，分为以下两个方面。

---

① 张桂丽. 浅析科技型中小企业新三板市场融资问题［J］. 商场现代化，2018，873（12）：178－179.

② 曹健林. 抓住创业板市场建设机遇建立适合科技型中小企业特点的直接融资体系［J］. 中国高新区，2008（11）：18－20.

③ 周宏，梁楠，付尚媛. 创业板市场：科技型中小企业重要的融资渠道［J］. 投资研究，2008（9）：13－16.

④ 李华军. CEPA 条件下广东科技型中小企业资本市场融资研究［D］. 广州：广东工业大学，2006.

（1）扩大对科技型中小企业资本市场的研究。现阶段，我国科技型中小企业融资更多的是围绕新三板市场和创业板市场上的融资情况展开工作，在资本市场研究方面局限性较大，资本市场的范围的延伸程度不够。因此，根据前面的分析，本书认为，科创板市场是有待进一步研究的热点。本书搜索了关于科创板市场融资的文献，在高级搜索中选择"主题 ＝'科创板'并含'融资'"，共有11篇文献，其中2019年的研究文献占一半以上，体现了近年来国家以及各位学者对该资本市场的重视。资本市场主要包括主板市场、新三板市场、创业板市场等，科创板是服务于处于成长期的科技型中小企业融资的又一场内市场①，它弥补了我国资本市场"单边融资，多空失衡"的现状②。我国自从实施供给侧结构性改革以来，科创板作为其改革的风向标，旨在调整资本市场的经济结构，筛选出合适的投资者和投资基金为科技型中小企业发展提供支持，并在此基础上重新匹配科技型中小企业的融资需求，满足支撑发展的资金需求。然而，科创板市场并非十全十美，对于科技类成长性企业来说，科创板无疑是一块"大蛋糕"，哪些企业能够"第一个吃螃蟹"是我们主要关注的问题。根据文件显示，已确定包括芯片设计、半导体制造、新材料、高端装备、云计算、大数据、生物制药在内的多个硬科技企业将能够进入科创板市场③，但对于金融科技企业以及保险科技企业来说，由于该类企业的金融属性以及科创板对行业的要求，这两类企业能否登录科创板市场是有待进一步探讨的问题。

（2）在"互联网＋"背景下，重视互联网金融对科技型中小企业融资的影响。随着互联网、云计算、大数据等信息技术的快速发展，特别是随着"互联网＋"计划的启动，互联网金融为解决科技型中小企业发展难题开辟了新路径，弥补了传统金融融资周期长、效率低等缺陷④。关于互联网金融融资的研究文献共有53篇，其效益化、数据化、便捷化的特点，使其能够利用大数据

---

① 郭毅，陶长琪. 科创板：金融供给侧结构性改革的风向标 ［J］. 国际融资，2019（5）：26 - 28.

② 戴丹苗. 科创板将改善"单边融资，多空失衡"现状 ［N］. 证券时报，2019 - 5 - 14（A03）.

③ 吕笑颜. 科创板衔枚疾走，金融科技抢滩掘金 ［J］. 商学院，2019（4）：94 - 97.

④ 李丽菲. "互联网＋"背景下我国科技型中小企业融资问题研究 ［J］. 管理工程师，2017，22（6）：19 - 22.

更加高效地处理信息和配置资源，节省了大额的企业融资成本①。本书认为，对互联网金融的研究还有两方面值得探讨：一是互联网金融风险。随着互联网金融行业的高速发展，新的风险特点也随之产生。与传统金融相比，互联网放大的金融风险和金融行业高风险的特征也给科技型中小企业融资带来了新的挑战。如何有效地规避风险，营造良好的融资环境是需要进一步研究的问题。二是互联网融资模式的探讨。互联网金融融资模式共有三种：P2P 模式、融资平台和众筹模式。大部分文献主要研究科技型中小企业 P2P 模式和众筹模式的融资，对融资平台的研究较少。融资平台能够减少信息不对称、简化贷款程序、降低融资成本、扩宽融资渠道、提高融资效率等，创造便利融资条件。基于此，本书构建科技型中小企业开放式的融资模式。

---

① 王晶晶，段升森. 基于互联网金融的创新型中小科技企业融资问题研究 [J]. 建筑设计管理，2018，35（12）：67-71.

第3章

科技型中小企业开放式
融资主体及要素甄选

在前述文献研究基础上，本章通过分析开放式融资模式的可行性，从理论层面归纳科技型中小企业开放式融资模式的构成。在此基础上，采用实证方法甄选开放式融资模式的组成主体，以及关键构成要素，为开放式融资模式的构建提供理论依据。

3.1 科技型中小企业融资与开放式融资模式契合分析

金融服务实体经济的基本功能是融通资金，即将资金从储蓄者转移到融资者手中①。近年来，我国的信息技术取得了长足的进步与发展，并在金融领域得到了广泛的应用。例如，手机支付等移动支付方式得到了快速覆盖。这种新型的依托互联网的金融模式支付更便捷、信息不对称程度更低、融资周期更短，这些特征恰恰能够匹配科技型中小企业的资金需求特征，如融资少、融资快、融资急等。在这样的技术背景下，加快推进开放式融资模式的建设与发展，尤其是利用大数据技术对各种资源进行整合利用，有助于解决科技型中小企业因信息不对称等问题导致的融资困境。

---

① 谢平，邹传伟，刘海二. 互联网金融的基础理论 [J]. 金融研究，2015（8）：1–12.

3.1.1　科技型中小企业融资特征

由于我国特殊的金融背景，科技型中小企业的成长模式、资金来源等都有一定的差异性，这些差异性会使科技型中小企业的融资呈现不同的特征。企业的融资实现过程包含了多元化的主体，并且不同主体之间存在较为复杂的网络连接关系，在互联网技术的发展中突破了传统金融媒介对于信息的缺失，不同的融资主体都发挥着自己固有的作用，并且在这个体系当中扮演了重要的信息传输角色。正是因为信息能够充分、快速地在企业和融资机构以及投资者之间进行传递，投资者才可以更加清晰地了解到企业的研发过程能够带来的未来收益是什么，企业是否有能力偿还企业的资本获取。在互联网技术充分发展的基础上，科技企业的融资出现了新的特征。

1. 大量闲置资金与融资约束并存

社会当中存在大量的资金需要找到投资的渠道。伴随着国家对于民间资本的地位的认可，越来越多的民间资金开始进入正规金融市场，成为金融体系中的重要组成部分。相当一部分投资者对于高风险投资有相当的偏好，而科技型中小企业的研发投资则具有这种融资需求的特点。由前述分析可知，研发融资具有数量大、时间长、潜在收益大、风险不确定等特点，根据资本资产组合理论，企业风险度量指数越大，获得的收益也越多。而在互联网和移动互联充分发展的时代，拥有资金的投资者可以更加便利地接触到需要融资的企业，互联网为资金的供给者提供了进入资本市场并进行投资的借口。

根据调查结果，考虑到融资成本等因素，多数企业依然倾向于从传统渠道获取所需资金。然而传统商业银行的信贷产品一般较为单一，多数贷款都需要进行实物抵押。科技型中小企业的信息不透明，经营风险高，信用等级较低，所以银行很难准确获取其经营状况的信息。科技型中小企业几乎无法获得来自银行等传统金融机构的信用贷款。科技型中小企业又缺乏抵押物，严格的抵押条件使得科技型中小企业不能获得抵押贷款，进一步加剧了科技型中小企业从银行获取资金的难度。

2. 海量信息与信息不对称并存

互联网的发展为企业提供了更多的信息传输渠道。过去，企业在进行融资的时候，只能向银行提供自己的信息，而伴随着大数据的发展，企业在经营过程当中会输出各种各样的数据和信息，这些数据和信息从不同侧面刻画了一个较为立体的企业的特征体系，这个信息体系就会伴随着网络的归集功能和传播功能被更多的投资者获得，投资者可以通过获得更多企业信息来降低对于企业信息不透明的担忧。但是这些信息多是零散的、碎片化的，并不能够有效地被各投资主体有效获得和使用。这形成了网络中存在海量信息，同时投融资主体间依然存在信息不对称的特点。

3. 融资约束与负债率高

从发展实践来看，我国中小企业很难从银行获得贷款。针对科技型中小企业的成熟融资渠道比较单一，权益性融资市场发展严重滞后，信贷融资仍然是其重要的融资方式。现阶段，我国科技型中小企业存在较高的资产负债率，主要原因在于对科技型中小企业的规模歧视。由于我国二元性结构的金融体系，银行资金主要流向了大城市和大企业等。资源的有限进一步削弱了科技型中小企业从银行信贷渠道获得资金的能力。同时，科技型中小企业难以从银行等渠道获得信贷资金，它们对民间借贷、内部融资等融资方式还是具有较高的依存度，面临较高的资金使用成本，这对企业的短期经营造成了非常大的压力。在这样的情况下，科技型中小企业可能就会遭遇融资约束、融资成本的双重问题，严重制约其可持续发展。

4. 多元主体积极参与

互联网的发展使得更多的监督管理机构以及风险控制机制融入融资体系当中。金融体系中最大的风险就是金融体系的稳定性和大规模风险事件的爆发。随着对企业融资信息、市场资金供给信息、金融体系运作过程中的走势等信息的获取，监管部门能够提高金融市场风险识别的效率，并且针对性地制定相关政策，控制风险的扩散和风险的积累。而风险控制机制的另一个主要参与者——企业增信机构的参与则为企业的融资主体对风险的控制提供了更多的保障。增信机构包括多类组成成员，增信的手段虽然包括很多种类，但是从总体上来说，增信机制的作用在于通过保险的手段，为企业的产品增加信用，同时增加向企业的追索权，从而借助企业自身信用和增信的组合作用降低企业在直接向金融机构进行融资的过程中所需支付的高额风险溢价。这些主体的积极参与为开放式融资模式的运行提供了良好的基础条件。

3.1.2　科技型中小企业与开放式融资模式契合性分析

在网络环境下，科技型中小企业呈现出一系列新的融资特征及现象。仅仅依靠传统方式不能解决这些难题。本书构建的开放式融资模式能够针对其新特征，整合各方主体，解决信息不对称问题，与其成长及融资具有很强的契合性。

1. 开放式融资模式可以解决资金供需双方的信息不对称问题

开放式融资利用信息技术手段，能够及时地为资金供需双方提供必要的信息，一定程度上有助于打破双方信息不对称的藩篱。网络环境下，通过技术手段抓取和处理个人没有义务披露的信息，再对这些信息进行甄别，形成对投融资各方决策有用的信息，实现信息共享、对称。传统金融体系下，中小企业信息披露不全，加之可抵押资产少，容易使金融机构误判，这也是导致金融机构不愿意给中小企业贷款的重要原因之一。相关学者的研究中指出，基于互联网信息技术的开放式融资模式在解决信息不对称方面具有明显的优势。例如，陈一稀指出，融资应以大数据为基础[1]。谢平认为，资金供需双方信息通过社交网络揭示和传播，被搜索引擎组织和标准化，最终形成时间连续、成本极低、动态变化的信息序列[2]。因此，依靠信息技术与数据优势，开放式融资模式能够归集整理各种信息，使其有效传递，使市场充分有效[3]。

---

① 陈一稀. 互联网金融的概念、现状与发展建议 [J]. 金融发展评论，2013 (12)：126 - 131.
② 谢平. 互联网金融新模式 [J]. 新世纪周刊，2012 (24)：32 - 33.
③ 陶娅娜. 互联网金融发展研究 [J]. 金融发展评论，2013 (11)：58 - 73.

2. 开放式融资模式能够分散借贷风险

开放式融资为企业获得外部资金提供了重要通道。利用开放式融资模式，资金供需双方在经过平台方的实名验证和审核通过之后，可以自行在融资平台上发布融资信息。而资金提供方可以通过平台了解融资方的融资需求，以及融资条件和基础，这种方式大大减少了中介环节，并且有助于形成一对多或者多对多的关系网络。在此基础上，资金提供者可以将资金单元进行有效切割，同时投放在多个融资平台，或者提供给多个融资方。一定程度上，有助于降低融资风险。与此同时，融资方因为较小的融资单元，也使得资金借出者的风险被有效地分散了，从而可以更容易地获得外部资金。开放式融资模式可以使"借贷"各方形成新的社交网络关系，可以拓展其他合作的可能性，如投资入股、产品销售等。其风险对冲需求下降，单个主体的风险更易被分散[①]。传统金融模式下，商业银行无法有效满足科技型中小企业和部分个人客户的个性要求，导致金融排斥[②]。在开放式融资模式下，中小企业能够有效打破地域限制，在网络上寻找所需金融资源。大量闲置的小额资金也有了投资的通路，对提升金融资源的配置和使用效率有较大的帮助。

3. 开放式融资模式可降低交易成本，提高效率

与传统银行信贷相比，开放式融资主要服务于科技型中小企业。相较于传统的融资方式，开放式融资的重点在于平台的建设，平台方是嫁接资金供需双方的主要通道，也是使得大量分散、闲置的资源被整合，为融资方提供资金融通的重要渠道。通过这种方式，一方面可以减少融资方搜寻外部金融资源的成本，大大简化了融资的环节；另一方面，也使得寻求投资通路的大量的小额闲置金融资源找到了释放的出口，降低了交易成本。在网络上，单个企业的贷款成本一般只有几元，甚至更低[③]。客户不再依赖传统金融网点，取而代之的是

---

① 张明哲. 互联网金融的基本特征研究 [J]. 区域金融研究，2013（12）：13－16.

② 宫晓林. 互联网金融模式及对传统银行业的影响 [J]. 南方金融，2013（5）：86－88.

③ 林辉，杨旸. 互联网金融及其在中小企业融资中的应用研究 [J]. 华东经济管理，2016，30（2）：8－13.

大量网络交易，减少人员雇佣，极大降低投资及运营成本①。开放式融资实现了资金供需方之间的一对多或多对多的联结，使得参与方有了更多的低风险的选择项。与此同时，云计算和大数据等新技术的广泛应用，进一步提高了工作效率和精准程度。

4. 开放式融资模式可以按需提供针对性的客户服务

开放式融资体现了开放、平等、分享等特征，在一定程度上减少了资金供需双方的交互中间环节。另外，可以利用平台沉淀的数据，通过机器学习、数据挖掘等方式，有效地匹配用户的需求，提供更加高品质的服务体验。此外，开放式融资平台上的资源可以有效地开放、共享。通常情况下，那些传统金融机构无法或不愿涉足覆盖的科技型中小企业、小商户等群体，也有机会得到标准化的金融服务。实际上，在开放式环境下，传统金融机构在物理网点方面的优势逐渐被线上所侵蚀。随着移动互联技术的发展，未来这一趋势将会进一步加速。追求个性化服务的客户更倾向于通过互联网参与到新金融服务过程中②。

5. 开放式融资形成了多方共赢生态圈

开放式融资模式主要采用平台模式运作，整合价值，连接多边群体。通过信息交互与共享，实现了多层级和多元化的价值。基于开放式融资平台有利于科技型中小企业更加便捷地获取外部融资，同时也使得分散的闲置金融资源的使用效率进一步提升。例如，资金提供者及中介机构获得相应收益，各主体形成多方共赢生态圈③。

3.2　科技型中小企业开放式融资构成要素分析

科技型中小企业网络融资呈现出参与方多、参与方的关系多等特征，并呈

---

① 赵昊燕. 互联网金融时代商业银行生存发展策略研究 [D]. 太原：山西财经大学，2015.
② 宋梅. 互联网金融模式对传统银行的影响分析 [J]. 财经界：学术版，2014（5）：30.
③ 王洪生. 科技型中小企业云融资模式研究 [D]. 济南：山东大学，2015.

现出许多复杂系统所具有的特征，所以将其看成复杂适应系统。科技型中小企业开放式融资模式涵盖了多元化的投资方、多样化的融资方，以及提供中介服务的平台等，它是各种主体及其主体间的联系共同组成的系统。具体来看，从以下几方面加以阐述。

3.2.1　资金需求类要素

科技型中小企业在网络融资过程中，既可能是技术创新的承担者，又可能是主要的参与方和资金需求方。具体如下：

（1）技术创新的承担者。科技型中小企业的成长需要不断创新。研发和市场转化能力是吸引资本的重要筹码。如今，企业可借助于互联网在全球范围内寻找资源，打破了原有的物理边界约束，从分散的信息中挖掘有价值的资源。

（2）网络融资模式的发起者。首先要根据科技型中小企业自身实际所需资金的情况，制定有关融资的额度、偿还条件等，这部分融资额度将对其产品开发、生产经营或扩大规模起到十分重要的作用。

（3）网络融资模式收益分享者。科技型中小企业获得资金支持进行研发会获得市场化收益。同时也能够得到有经验的投资方企业管理经验，使得企业规范化发展。通过融资建立与其他主体的关系，形成自己的社会网络，为以后的合作奠定基础。

3.2.2　政策资金提供类要素

政府在科技型中小企业网络融资中的作用主要表现在以下两方面内容。

（1）政策制定和政策实施监管。网络融资模式的出现是对传统金融服务的创新和发展，在我国还处于萌芽阶段，缺少有效的引导和监管。要使科技型中小企业网络融资模式能够为其发展带来价值，就离不开政府发挥看得见手的作用和职能，监管网络融资模式的运行，防范可能存在的风险，引导科技型中小企业的发展方向。

（2）收益分享者。政府的资金投向一定程度上是国家发展的方向所在，有助于推进我国产业结构升级，推动以创新驱动为核心的国家战略实施。网络融资活动的实施有助于缓解科技型中小企业的融资问题，对其做强和做大有重要的推动作用。科技型中小企业在发展的同时，将会为区域创造更多的就业机会，也会促进区域经济竞争力的提升，从而带来更多的社会效益。

3.2.3　商业性资金提供类要素

该类要素在科技型中小企业网络融资中有如下作用。

（1）提供资金。资金提供者为其资金融通创造了多元化的资金来源，在一定程度上打破了融资渠道单一的"瓶颈"。通过网络融资平台，大量的社会闲置资源被集中起来，同时也激发了参与者的投资积极性，能够极大地利用社会资源，利于科技型中小企业对各阶段的资金进行必要的资金调配。

（2）收益分享。科技型中小企业在获得多渠道资金支持的同时，加快了自身的发展速度，并可能更好地提高企业的成长能力，进而创造更多的现金流，从而也会为资金提供方带来更高的收益回报，如利息、分红等。

3.2.4　中介服务类要素

科技型中小企业网络融资的中介服务主体的作用简要概述如下。

（1）担保机构。信用担保的风险分散功能，有助于引导资金投向科技型中小企业，降低银行信贷风险，有利于企业获得信贷资金[1]。

（2）知识产权评估。科技型中小企业的有效抵押物少，但是它们往往拥有大量的无形资产，所以规范评估知识产权等无形资产，有助于促使科技型中小企业有效利用知识产权质押融资方式。

（3）平台机构。平台机构是科技型网络融资得以实施的主要载体，实现了科技型中小企业与资金提供方、中介、其他主体的平台进行对接，使资金、信息、知识等有效传递，网络融资活动能够顺利进行。

---

[1]　张玉明. 中小型科技企业成长机制 [M]. 北京：经济科学出版社，2011：313.

3.2.5 传导类要素

在科技型中小企业网络融资模式中不停地流通、循环，具有传导、流通的属性的要素被称为传导要素，主要包括资金要素、信息要素、服务要素。

（1）资金要素分析。科技型中小企业发展资金的主要来源是外部资金，当其产品进入市场，就可以利用获得的资金实现还本付息，整个过程组成了闭环结，从而保障网络融资模式的正常运转。

（2）信息要素分析。信息是科技型中小企业网络融资模式运行的基础。一方面，科技型中小企业可以找到优质的资金渠道，另一方面，资金提供方也可以更好地掌握科技型中小企业的相关信息，降低信息不对称带来的风险，促进科技型中小企业网络融资不同参与主体之间互动和平台的正常运转。

（3）服务要素分析。中介机构为资金供需双方提供专业服务。如会计师事务所，可为其出具财务报表、进行财务状况评价，有效传递信息，对科技型中小企业融资起到了保障作用。

3.2.6 环境要素

科技型中小企业网络融资过程中参与方多，彼此之间存在一定的作用与影响。要发挥网络融资在科技型中小企业融资过程中的作用，离不开环境因素的影响，包括政策环境、文化环境、信用环境，简要概述如下：

（1）外部政策环境。诸如经济、财政、金融、产业、税收优惠或减免等政策，财政补贴或扶持政策等都可能影响科技型中小企业融资。实际上，在其发展过程中，单纯依赖银行资金等是无法从根本上解决其资金困境的，这需要更好的政策体系。

（2）文化环境。网络融资本身就是在互联网背景下的新产物，实现了互联网技术与金融领域的深度融合，是一种创新性的行为。在这种情形下，需要从环境层面形成良好的氛围，才能有效推动网络融资的整体发展，从而对科技型中小企业的成长起到重要的助推作用。

（3）信用环境。科技型中小企业融资难的一个重要原因是信用缺失，良好的社会信用环境是解决这一问题的有效手段。在科技型中小企业的网络融资过程中，信用的作用更加明显。目前，我国尚无有效的社会信用体系，无论是个人还是一些中小企业，在这方面的意识仍比较欠缺。所以要推动网络融资模式解决科技型中小企业融资中的问题，需要加快推进我国社会信用体系的建设。

3.3　科技型中小企业开放式融资构成要素甄选

本书在分析开放式融资模式的参与主体以及相关的要素之后，进一步运用定量分析对开放式融资模式的构成进行实证甄选。

3.3.1　专家分析

专家分析是指把评价指标设计成问卷形式，请专家判断选择。虽然有一定的主观性，但专家在相关领域有多年沉淀下来的知识、经验，能够更好地认清问题的本质。基于此，广泛采纳一定数量专家的意见，可以帮助研究人员更客观地认识研究问题的本质，降低主观性的影响程度，即有助于化主观为客观[1]。为此，课题组邀请了 50 名中小企业融资方面的专家，他们来自不同的领域：一是常年从事融资理论研究的研究人员；二是多年从事中小企业融资实务的企业高级管理人员；三是来自金融领域的从业人员。

课题组向这些专家征询意见，组织问卷答写。并汇总专家的相关意见，处理基础数据，形成了第一轮要素的筛选结果（X1）。前述理论分析中指出，科技型中小企业开放式融资模式是依托网络平台和信息技术工具，由中小企业、银行、保险、基金、网络融资机构、自然人个体等不同主体组成，通过充分整合信息流、资金流，降低资金供需双方信息不对称程度，为资金需求方提供更

---

① 范柏乃，单世涛．城市技术创新能力评价指标筛选方法研究 [J]．科学学研究，2002，20（6）：663-668.

加民主、公平的融资机会，开放性、高效率、全方位是开放式融资模式的主要特征。其开放式融资模式主体为资金供给方、需求方、中介服务方，不同主体间流动的要素为资金、信息、服务等。综合以上这些分析，修正理论分析得到的要素体系，得到第二轮开放式融资模式构成要素体系（X2）。

3.3.2　隶属度分析

科技型中小企业开放式融资模式构成的隶属度分析，数据来源于问卷调查。总共发放问卷300份，对回收的问卷进行整理，共得到有效问卷243份，问卷有效率为80.0%，满足要求。根据问卷回收的数据，对开放式融资模式要素进行隶属度分析，假设：第 m 个评价指标 X_m 上，专家选择的总次数为 Q_m，即总共有 Q_m 位专家认为 X_m 是测度科技型中小企业融资模式的重要因素，那么相应的可以计算得到该因素对应的隶属度水平。

若 Q_m 值很大，表明该要素 X_m 在开放式融资模式的要素体系中具有很重要的影响，从而可用于开放式融资模式的主要组成因素。如果 Q_m 值很小，则说明该要素不具有重要的影响，应予以剔除。进一步对采集的数据进行统计分析，计算得到开放式融资模式要素的隶属度水平。根据张玉明等在中小企业成长性相关研究中的结论[1]，在科技型中小企业开放式融资模式构成要素分析中，剔除相关的指标，剔除标准为：在1%显著水平，隶属度小于临界值 Q 的要素。根据隶属度计算公式，可得到临界值 Q 为4.00，相应的，隶属度的临界值可以计算得出，即为57.2%。也就是说，在 $a=1\%$ 的显著水平下，相应的指标不具有统计显著性。

根据以上的判断标准，剔除 X2 中不符合要求的要素，得到科技型中小企业开放式融资模式构成要素的第三轮结果（X3）。

3.3.3　相关性分析

经过专家分析和隶属度分析，理论归纳得到的开放式融资模式要素进一步

---

[1]　张玉明，段升森. 中小企业成长能力评价体系研究 [J]. 科研管理，2012 (7)：98–105.

精简。但各要素之间仍可能会存在一定的相关性。进一步采用相关分析法，剔除系数较大的要素，尽量消除因信息重叠所造成的结果不客观性。

在相关性分析前，首先将第三轮得到的要素结果（X3）编制形成问卷。实际发放 200 份调查问卷，回收调查问卷 147 份。按照常用标准对回收问卷进行筛选，包括缺失值较多、存在矛盾回答，以及大量重复选项，最终有效问卷 121 份，约占发放总量 60%。使用 SPSS 软件，利用相关性分析方法计算得到要素之间的相关系数矩阵。根据相关系数矩阵的结果，剔除在显著水平等于 1% 条件下的高度相关要素。因为相关是两要素之间的关系，所以需要从两者中剔除其一，剔除标准：依据相对均衡原则，同等条件下优先剔除要素总量较多模块中的对应要素。

根据相关系数分析法的处理，构成了开放式融资模式的第四要素筛选结果（X4），X4 也是通过经验方法，实证甄选得到的开放式融资模式的要素构成。科技型中小企业开放式融资模式要素体系由目标层、一级要素、二级要素和具体评价要素四个层面组成。

3.3.4　重要性分析

本书对涉及要素的操作化变量采用主成分赋权，依据 AHP 方法确定主成分层的各因素重要性排序。其赋权步骤：计算方差值，归一化。

对涉及要素的操作化变量采用主成分赋权，依据 AHP 方法确定主成分层的各因素重要性排序。其赋权步骤：计算方差值，归一化。

$$\sigma_j = \sum_{i=1}^{n} \lambda_i e_{ij}^2, \ (j=1, \ 2, \ \cdots, \ m) \tag{3-1}$$

将 σ_j 分别归一化得到各级指标的权重，权重计算见公式。

$$a_i = \sum_{j=1}^{n} \sigma_j \Big/ \sum_{j=1}^{m} \sigma_j, \ (i=, \ 2, \ \cdots, \ n; \ j=1, \ 2, \ \cdots, \ m) \tag{3-2}$$

其中，a_i 表示第 i 个主成分的权重，n 表示第 i 个主成分所含测量项目的个数，m 表示所有测量项目的个数。通过主观赋权法得到指标层的权重，再通过主成分方法得到主成分权重，依据层次分析法，最终得到开放式融资模式体系中各组成因素的权重及排序结果（见表 3 - 1）。任何要素缺失都可能对开放式网络融资模式的有效性产生重要影响。

表 3 – 1 指标层的权重分析结果

因素	政策性资金供给	商业性资金	资金需求主体	中介服务机构	资金要素
权重	0.165	0.114	0.097	0.089	0.145
因素	信息要素	服务要素	政策法律环境	文化环境	信用环境
权重	0.098	0.080	0.096	0.063	0.052

注：一致性比率值 < 0.100。

根据前述理论分析和要素甄选结果，得到了开放式融资模式的主要构成要素。并通过层次分析法，对各要素的重要程度进行了评价，得到了不同要素之间的相对重要程度，进而为后续的机制分析和演化过程分析提供了重要依据。

第4章

科技型中小企业开放式
融资模式运行机制

　　科技型中小企业的开放式融资模式涉及多个要素主体，这些要素主体之间相互作用，在实际的运行过程中产生了复杂的网络连接关系，使得整个体系变得更加复杂。并且，由于信息的相对无形性、溢出性、多渠道可获得性、可加工性以及信息在科技型中小企业技术创新融资过程中的重要作用，企业在技术研发与融资的过程中，多个投资参与主体都应该具有平等的获取信息的地位。这使得开放式融资模式的运行需要一定的机制设计来保障，这种机制与传统金融体系下的运行机制存在显著的差别，必须使参与方能够获得各自需要的利益，并且能够在最大程度上控制融资方和投资方的风险，为此，各个参与者必须要共享信息并强化对于风险的识别和控制，同时形成多种风险分散机制。此外，企业信用体系的建设对于整个机制的完整以及良好运行也起到了重要的作用。因此，盈利机制、信用机制、风险机制和参与机制是开放式融资模式运行的重要运行机制组成部分，如图4-1所示。

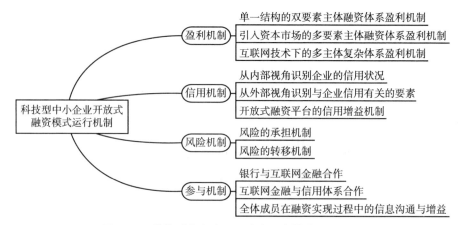

图 4 - 1   科技型中小企业开放式融资模式运行机制

4.1   盈 利 机 制

盈利机制是开放式融资模式良好运行的最根本保障。盈利机制的内涵是各参与方在参与一项活动过程中获得利益的基本逻辑，即项目的参与者各自获得期望报酬的机制。因此，从博弈分析的角度按不同主体参与的顺序分析融资模式的盈利机制，应该如何设置才能够满足参与者的利益需求，具体如图 4 - 2 所示。

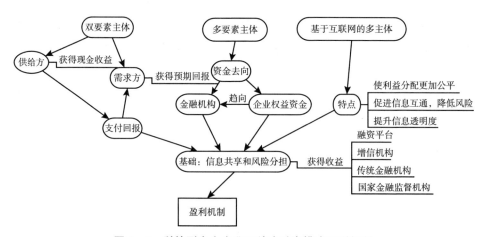

图 4 - 2   科技型中小企业开放式融资模式盈利机制

4.1.1　单一结构的双要素主体融资体系盈利机制

就融资的本质来说，参与融资的最主要的主体要素是资金的需求方和资金的供给方，融资方为了获得资金进行项目的运营从而获得利益，这种利益代表了企业从该项目中能够获得的未来现金收益，而对于资金的供给方来说，投资者进行投资的最主要目的就是获得因放弃资金使用权而得到的回报，这种回报必须能够满足投资者的预期回报率。换句话说，投资者对外投资的根本动机就是追求更高的投资收益和尽可能实现大幅度的投资增值。在投资决策过程中，为了追求更高的投资收益，投资者必须在可供选择的投资方案中，选择最优方案，放弃其他方案，这种选择以投资收益的高低为标准，并且在决策过程中要考虑投资收益的确定性，分析投资收益的影响因素，确定这些因素对投资方案的影响程度。并根据这些因素对投资方案的作用的重要性，做出理性的投资选择。与此同时，投资者在做出投资决策的过程中承受了不同程度的风险，收益和风险的对等性才能够弥补投资者所承担的风险，从这个角度来说，融资体系中的融资者必须要给予投资者以较大的资金回报。根据资产定价的最基本准则，资本资产定价模型展示了不同投资的收益水平取决于单项投资对投资组合的风险敏感度，这就说明在双要素参与的融资体系中，风险的分散程度是比较小的，企业有义务为投资者的风险进行补偿，如果企业从事的是高风险的项目，那么投资者就有可能因为所承担的风险过高而拒绝进行投资。这种风险的来源有两个：一是企业本身所进行项目的不确定性，例如科技型中小企业的技术创新过程的不确定性；二是企业在双要素主体的体系中，缺乏信息分享机制，造成小微企业风险不可控的主要原因是信息不对称[①]。投资双方掌握的信息量是不对等的，投资方在信息量方面处于劣势，被投资方掌握信息的主动权，投资者无法较为真实地掌握企业的经营状况，企业会面临非常高的融资约束。因此在单一的双因素主体融资体系中，盈利机制的主要博弈双方是资金的需求者和资金的供给者，双方围绕着风险的暴露与风险和收益之间的博弈决定了企业在融资过程中面临着较大的融资约束和融资成本。

[①]　毛雪媛．商业银行小微企业不良贷款的风险防范［D］．邯郸：河北工程大学，2018：26-27.

4.1.2 引入传统资本市场的多要素主体融资体系盈利机制

由于资本市场的出现，资金持有者的资金去向出现了两个路径的分化。一部分资金归集于银行等金融机构当中，而金融机构作为营利性企业，其目的是通过借贷利率差获得利息收入，对于个人投资者来说，银行代替投资者个体行使了信息获取和甄别的职责。在对企业进行贷款的过程中，银行对企业要进行严格的审核，审核范围更多的是对企业的偿债能力和经营能力进行考察，偿债能力考察的指标主要包括流动比率、速动比率、现金比率、资产周转率、利息支付倍数等①，经营能力考察指标主要包括总资产周转率、流动资产周转率、存货周转率、应收账款周转率等②，这些指标只是对企业总体状况的审核，对企业所需融资项目本身未来的经济利益并不进行过多的审核，且这种审核对于银行来说成本过高。经过这种审核的过程，资金持有者归集于银行的资金从银行流向企业。另一部分资金在证券市场的监督下直接流入企业，成为企业的权益资金，获得企业的分红。对于大多数企业来说，在传统资本市场当中，要想获得上市公司的融资权利相对比较困难，正因为股权公开交易对企业的规模、盈利状况等都具有较高的要求，使得多数企业，尤其是生产规模小、市场风险较大的中小企业不得不依靠依托于银行等金融机构的债权融资这种间接融资方式，这在一定程度上也造成了银行的垄断性地位和相对低效率，存在于银行等金融机构的多主体要素体系的盈利机制就演化成为银行攫取企业和投资者报酬，并且为了降低风险而严格控制贷出的机制。银行与投资者的博弈过程存在于银行对风险的控制，银行可以通过各种审核机制来识别企业的风险，并且选择风险较小的企业发放贷款。

以建行 B 支行为例：B 支行为了防范企业贷款风险，尤其是小微企业的不良贷款风险，出台了以下几方面措施。第一方面是贷前风险管理。建行 B 支行首先是进行严格的贷前调查，以现场和非现场两种方式进行。现场方式是指信贷人员必须在企业实际经营场对企业的经营状况、生产的环

---

① 赵琦，胡伟利．中小企业偿债能力分析［J］．中国集体经济，2019（10）：84-85．
② 王泽霖．企业经营管理能力提升的对策研究［J］．现代商贸工业，2019，40（10）：50-51．

节、工艺技术、固定资产、生产物资等进行考察，从而判断企业的生产经营情况和成长状况；非现场方式是指通过了解企业现有信息和公开资料等非现场调查方式做出初步分析和判断，信贷人员还可以查看企业的资金往来信息、税收记录、相关财务报表和附注等。同时，还要从宏观层面分析企业所处的地区发展现状、行业发展现状、国家相关政策等因素，从而做出相对合理的信贷决策，降低建行 B 支行的信贷风险。第二方面是加强对贷款全过程的业务管理，最重要的是控制授信额度总量。对于商业银行来说，自身资金安全尤其重要，要重点关注不确定因素。这就要求建行 B 支行在发放贷款的过程中，必须要及时掌握企业动态，在做好贷前调查的同时也要做好风险控制。

首先，控制贷款总额。该支行在发放贷款的过程中，应严格控制贷款资金的到账时间和生产周期，对资金需求结构和周期进行有效的评估和预测，同时还要根据中小企业的经营状况及供应链和价值链关系，全面科学地分析中小企业的总体经营状况，从而有计划地控制贷款额度[①]。

其次，有效把握贷款发放时机。如果发放过早，企业暂时还不需要这笔资金，出于逐利思想，企业可能会把资金用到别的用途来增加收入。如果贷款发放得较晚，超过企业正常经营活动需要的时间，就可能会影响企业的生产。

再次，实行弹性授信额度。即根据企业所处的发展周期来确定授予企业的信用额度。初创期的企业一般发展程度低，发展趋势不明朗，应密切观察，所以一般授予较低的信用额度；对于成长期的企业，要谨慎审查，适当支持；而处于成熟期的企业，市场成熟，经营风险相对低，因此可以扩大授信额度；对于处于衰退期的企业应该适度收紧授信额度，确保自身收益，因为这时企业的竞争压力大，面临转型的问题，而一旦转型，企业的经营策略就会随之改变，从而会加大企业的经营风险[②]，如图 4 - 3 所示。

---

① 毛雪媛. 商业银行小微企业不良贷款的风险防范 [D]. 邯郸：河北工程大学，2018：35 - 37.
② 陈曦. 我国商业银行对中小企业的金融支持问题研究 [J]. 产业与科技论坛，2017，16（11）：19 - 20.

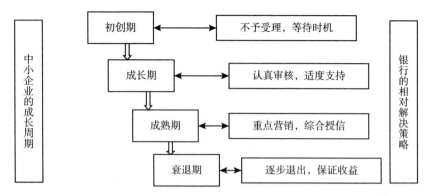

图 4 - 3　中小企业成长周期与策略对应关系

资料来源：陈曦. 我国商业银行对中小企业的金融支持问题研究 [J]. 产业与科技论坛，2017，16 (11)：19 - 20.

最后，是贷后管理。该支行要加大对贷款的监督。定期对贷款业务进行评估和检查，同时建立贷款预警机制，制定相应的应对措施。

同时，银行为了降低信贷风险，一般情况下会提高中小企业的贷款利率，而且这些利率通常高于大型企业，但是银行降低风险的措施会增加中小企业贷款的成本，增加中小企业的负担。而中小企业从非银行金融机构融资的成本，会比银行贷款的成本高出几倍。而对于投资者来说，由于银行的工作降低了其投资的风险，因此获得的收益必然下降，否则就将接受企业的无法控制的风险。在传统金融时代，投资者无法有效率地寻找投资渠道，而银行与企业的博弈过程存在于资金的使用权，无法在权益市场上获得资金支持的企业，只能够接受银行的贷款利率、相关费用和期限较长的信贷审核，否则就要接受民间资本的高额利息。在这个体系当中，投资者和企业的盈利都将流入金融机构当中。

4.1.3　互联网技术下的多主体复杂体系盈利机制

随着互联网和移动互联网的发展、民间资本进入正轨金融体系、监管部门的无缝式监管以及金融业的快速发展，越来越多的主体参与到了企业的融资过程中，并且这些主体的参与在降低企业融资风险的同时削弱了银行原有的地位，使得利益在不同主体之间的匹配变得更加具有公平性。即互联网技术的参与为中小企业的融资增加了多条渠道。融资渠道单一是所有中小企业融资的"瓶颈"，也是造成中小企业融资困难最重要的因素。向银行借款是在互联网金融出现之前中小企业最主要的融资渠道。互联网金融出现之后，借贷双方可以在融资平台完成信息检索和匹配，完成借贷。中小企业在进行融资的过程中已经出现了多种选择，民间资本进入资本市场当中，并且开始受到金融监管部门的监督和管理，其收益率得到了较为严格的限制。以 P2P 金融为例，2014年是 P2P 互联网贷款发展的元年，各类 P2P 网贷平台开始出现，并且其融资成本在规定的非法集资限制以内，即 5 年期银行贷款利率的 4 倍以内。然而，随着贷款利率的降低和国家对于网络借贷的监管加强，2018 年 P2P 网贷的平均综合收益率已经由 2014 年的 20% 以上降到了 10% 以下①。对于企业来说，融资成本进一步降低，且风险得到了控制，避免了 e 租宝等风险事件的出现。此外，第三方支付等互联网金融新业态都在各自的领域内为企业的融资提供更多的便利渠道和多样化的收益支付方式。上述融资方式存在的一个共同特征是资金的脱媒化，P2P 和众筹融资模式是资金借由网络平台的撮合作用直接从资金持有者流入资金需求者的模式，这在一定程度上降低了金融媒介在其中的博弈地位。同时，网络平台融资的高效率也倒逼银行加速信息化进程。根据前述的分析，风险的控制在降低企业的融资成本过程中具有很重要的作用。开放式的网络平台降低风险的方式主要有两种：第一种是借助平台的复杂网络关系，加快企业的信息识别、收集、加工和传递。科技型中小企业的技术创新过程面临的一个较为重要的问题就是研发过程的信息难以被投资者获得，而伴随着移动互联网的出现，越来越多的企业在进行众筹的过程中会及时发布项目的进展信息。在进行网贷借款的过程中，为了丰富投资者的投资信息，会对项目的相关信息以及企业的管理者信息、企业自身信息、抵押品信息等进行披露，如果一个企业在多个平台进行融资，就可以通过信息在不同平台间的传递和共享进一步降低企业融资所带来的风险，从而降低企业的融资成本。第二种是借助互联网技术来提升企业信用信息透明度。在企业融资过程中，由于科技型中小企业的信用状况难以达到大型企业的标准，因此增信机构会参与进来，如保险、

---

① https://www.fengjr.com/cn/bank/detail－zx－252130.

评级、增信等机构会通过信用评定和保障等形式对企业的未来收益进行保障，这种保障的前提是增信机构对企业的信息的审核，并且在增信的过程中形成增信机构的收益，这种收益来源于企业风险的降低；在整个平台的运作过程中，监督和管理机构所代表的利益来自降低整个金融体系运行可能带来的社会成本而产生的，是对金融平台整体风险的控制。再是通过大数据分析资金融通双方的风险偏好、资金供给能力、信用记录、财务状况等；并且在完成融资后，投资方能够通过平台的实时信息判断借款方的还款能力和异常情况，可以通过大数据建立风险控制模型实时了解融资方的还款能力和融资方的异常资金活动，为出资方的资金安全提供有效保障[1]。这种简易程序省去了烦琐的手续，极大地缩短了贷款的时间，加快资金进入时间，从而使企业获得急需的资金来发展生产，这在很大程度上提升了中小型企业的筹资效率。

最后，与传统的融资方式相比，互联网平台融资方式减少了融资过程中需要的人力、物力和时间，提高了信息有效性，降低了信息获取成本，进而降低了违约的概率。

综合上述分析可以看出，在经历了两要素、多要素和基于互联网的多要素主体开放式融资模式构建，其盈利机制的基础在于对信息的共享、对企业融资过程中风险的分担，将两要素融资体系中无法分解的企业风险经由融资平台、增信机构、传统金融机构、国家金融监督机构进行分担，在分担风险的同时，上述融资平台的参与者获得了相对应的风险的收益，这就降低了单纯由银行等金融机构承担的风险。由此可以发现，当前银行等传统金融机构为中小企业提供的小额贷款的力度越来越大，除了业务竞争的需要之外，互联网背景下信息的传递速度加快，以及信息共享实现的可能，也为银行进行科技型中小企业的信用和风险审核提供了更大的可能性。

---

① 沈建国，沈佳坤. 互联网金融对中小企业融资的影响研究 [J]. 现代经济信息，2019（3）：320.

4.2　信用机制

　　科技型中小企业融资体系构建过程中，在明确了各个参与主体的利益诉求之后，由融资的利益和风险的对称性衍生出来的一个问题是企业的信用问题。现代市场中的经济体制是信用经济，信用经济的发展程度直接关系到信用社会的建设，因此，现代企业应重视自身信用问题。同时，以商业银行信贷业务为例，2017 年，我国商业银行不良贷款余额为 1.71 万亿元，不良贷款率为 1.74%。而 2018 年的余额 2 万亿元，不良贷款率 1.89%，较 2017 年上升 0.15 个百分点①。较高的不良贷款率会对银行的正常业务造成冲击，使得银行可利用的资金减少，从而减小对中小企业的支持力度。同时，不良贷款会严重影响一个企业的信誉，如果企业再次向银行申请贷款，银行就会审慎划分企业信用等级，甚至拒绝放贷。从宏观层面来说，大量的不良贷款还会引发社会道德风险。

　　成熟的市场经济构建过程中，需要结合当前的市场经济发展条件，从信用主体的角度来明确发展内容，简单来说，社会信用体系主要是通过政府信用、企业信用和个人信用三方面的融合形成的。企业信用管理体系的建立也需要从这三方面来进行，我们应理清三者间的关系，政府信用是社会发展的基石，个人信用是社会发展的基础，而影响力最高的则是企业信用，企业信用会直接影响到金融市场和交易市场的发展，随着我国经济形式契约化的发展，企业信用逐渐发展成了企业间合作交易的重要条件。目前，我国的信用体系建设主要依托于以下三大征信机构：一是政府牵头的信用信息服务机构；二是社会征信机构，这类机构的特点是规模不大，并且发展水平地区差异大，主要的职能是企业信用服务；三是信用评级公司，2017 年已有超过 70 个信用评级公司被纳入央行统计范畴。从业务总量来看，金诚国际信用管理有限公司、华夏国际企业信用咨询有限公司、美国邓白氏上海咨询有限公司等几家征信机构占据了绝大部分市场份额。

　　企业的征信水平应该是融资模式的重要组成部分，且企业的信用结合企业

---

① 侯润芳. 银保监会：2018 年商业银行不良贷款率 1.89% ［N］. 新京报，2019 - 1 - 11 (2).

的信息披露和风险的控制形成了金融生态系统中的构成要件。征信体系是一个较为复杂的适应性系统①,应该通过一定的机制构建统一融资平台中各要素的协同关系,从而提高了信息共享程度,降低了信息传输噪声,使资金需求者与资金提供者在众多平台参与者的参与下形成较为良好的信用秩序和征信体系。因此,开放式融资模式的信用机制应该包含识别企业信用②、甄别与企业信用相关的要素以及如何加强这些要素在企业信用形成过程中的作用③、强化企业信用理论的完善④。在互联网时代,应通过大数据增强企业信用的识别精读,降低企业的信用识别成本⑤。信用识别机制体系本身不仅具有复杂性,而且具有动态发展性。伴随着参与企业开放式融资平台的要素主体的增加,不断呈现更加高级形态的信用识别体系,如图4-4所示。

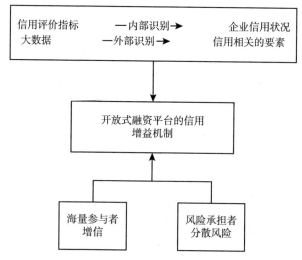

图4-4 科技型中小企业开放式融资模式信用机制

① 张玉明,王春燕. 协同视角下科技型中小企业融资信用治理机制研究 [J]. 山东大学学报 (哲学社会科学版),2017 (1):18-25.
② 胡海青,张琅,张道宏. 供应链金融视角下的中小企业信用风险评估研究——基于SVM与BP神经网络的比较研究 [J]. 管理评论,2012,24 (11):70-80.
③ 陈晓红,吴小瑾. 中小企业社会资本的构成及其与信用水平关系的实证研究 [J]. 管理世界,2007 (1):153-155.
④ 范飞龙. 非对称信息下中小企业融资信用信号传递模型研究 [J]. 重庆大学学报 (社会科学版),2002,8 (6):59-60.
⑤ 贾男,刘国顺. 大数据时代下的企业信用体系建设方案 [J]. 经济纵横,2017 (2):40-44.

4.2.1　从内部视角识别企业的信用状况

不同企业具有不同的风险等级，而这种风险等级决定了企业在进行融资的过程中所传递给投资者的风险，同时这种风险又与企业的信用状况存在必然联系，可以说，企业的信用等级决定了企业的风险等级，从而决定了企业的资本成本。国际惯例是给予不同企业的主债权以一定的评级，在企业需要融资的时候，往往是采用浮动利率的时候，就会由企业的信用等级决定企业的资本成本。因此，如何识别企业的信用等级就成为融资体系稳定和完善的重要环节。

评价企业的信用水平离不开信用评价指标体系的构建，通过构建完整的评价企业信用的统一标准，可以让不同企业之间的信用状况产生横向可对比性。范柏乃提出了从企业的偿债能力、经营能力、创利能力、管理能力、创新能力和成长能力等维度选择 28 个指标衡量企业的信用状况[1]；邹新月等提出采用模糊数学的方法来建立企业的综合信用评价指标体系，通过定性和定量相结合的方法来判断企业的信用水平，建立五层次指标体系，分别对应企业的经营者素质、经济实力、资金结构、经营效益和发展前景，采用德尔菲法和 AHP 确定各层权重以及评价企业信用等级的向量评语集，由此构建模糊综合判断，并且借用某上市公司的数据进行了信用等级的判断，结合穆迪、标普和费奇等评价体系的评价标准来判断企业的信用等级，是一种借助定性手段进行的信用量化[2]；肖斌卿等借助模糊神经网络评价方法，改良了 BP 神经网络的测算方法，采用财务指标、非财务指标和主观指标，提高了判断小微企业信用水平的精度，增加了稳健性[3]；此外，肖斌卿等通过最小二乘支持向量机模型（LS-SVM）对小微企业进行了信用评价的核定[4]。可以看出，对于企业信用评价体系的构建一直是研究的重点，并且也是针对中国中小企业信用档案缺失和不完善提出来的，在构建信用体系的过程中，涉及的指标越来越接近于企业的真实

---

① 范柏乃，朱文斌. 中小企业信用评价指标的理论遴选与实证分析 [J]. 科研管理，2003，24 （6）：83 – 88.

② 邹新月，王建成. 企业信用等级模糊综合评判 [J]. 系统工程，2001，19 （4）：72 – 75.

③④ 肖斌卿，杨旸，李心丹，李昊骅. 基于模糊神经网络的小微企业信用评级研究 [J]. 管理科学学报，2016，19 （11）：114 – 126.

存在性质。但结合科技型中小企业的技术创新过程来看，并非企业本身的素质就一定能够完全代表企业的信用状况，企业的信用状况除了来源于企业的历史积累，更来源于企业所从事的项目的未来收益水平。并且在技术创新速度不断加快的今天，在甄别企业的信用状况的过程中，企业的融资项目主体所表现出来的信用信息更是应该考虑的因素，因此在结合已有的企业信用评价体系构建时应该考虑企业融资项目的具体信息能够给企业提供的信用加成，从而缓解企业的信用状况低所带来的额外成本。

4.2.2 从外部视角识别与企业信用有关的要素

从外部视角识别与企业信用有关的要素也就是识别具体的企业信用要素的机制，这种识别的过程需要借助于大数据，并且要结合企业能够通过要素所披露出来的信息。结合上文的分析来看，企业的信用评价指标体系涉及企业经营的各个方面，在构建信用评价指标体系的过程中，学者们倾向于将所有与企业经营有关的要素都纳入指标体系中，从更加全面的角度刻画企业的整体运营能力，他们认为，企业的实力在一定程度上就代表了企业的信用水平。但是我们认为，除了企业现存的绩效指标之外，企业的信用还会受到很多因素的影响，如陈晓红等实证检验了中小企业社会资本的构成与企业信用水平的关系，通过调研将企业的行政级别、企业家背景特征、内部环境、参与协会以及产品声誉等要素纳入社会资本的构成中，并分析企业的信用等级与这些要素之间的关系，即要素如何影响企业的信用等级①。这是一种更动态的研究思路，从研究影响企业信用的要素角度出发，因此，开放式融资模式的信用机制当中应该关注企业的信用动态变化的影响因素。如：企业在进行技术研发的过程中，研发的成功与否会影响企业的未来成长性，从而进一步决定企业的履约能力和偿债能力等，而企业的外部技术环境、商业环境对企业的技术研发的认可程度和企业能够充分利用研发资源的水平在一定程度上决定了企业的研发能否顺利实现；除企业自身绩效指标、资本构成、背景特征、内部环境之外，外部环境也

① 陈晓红，吴小瑾. 中小企业社会资本的构成及其与信用水平关系的实证研究 [J]. 管理世界，2007 (1)：153 – 155.

影响企业的信用等级。西方商业银行在漫长的发展完善过程中，总结归纳出了"5C"原则，其认为经济环境是影响信用风险损失的重要因素之一，这种认知特别适用于对经济周期依附程度高的产业。另外，经济环境和环境变化、企业发展前景、企业经营效益等都影响企业的信用评级。因此，这些要素从外部视角为企业提供信用证明。

4.2.3　开放式融资平台的信用增益机制

除了内部的信用识别和外部的影响信用要素的识别之外，针对科技型中小企业在技术创新融资过程中存在较大的不确定性风险的问题，企业需要一定的信用增益机制来促进自身信用水平的优化。这种增益的实现来源于两个途径：第一，开放平台中聚集着海量的参与者，且伴随着网络的可拓展性，参与者呈现动态的增益和调整，其中数量最大的群体是投资者，互联网金融的出现已经使得金融出现了一定程度的脱媒化，企业能够借助于网络平台直接与投资者建立联系，这就需要针对投资者实施增信。增信的方式来源于企业信息的传输和加工以及知识的形成和迁移，在数量巨大的投资者中，会存在拥有各种知识的个体，这些拥有知识的投资者会形成一个知识元，并且能够通过社交网络等媒体进行知识的传播。例如在众筹融资模式中，一个项目的资金筹集必须拥有一个领头人，这个领头人必须具有相关领域的经验，能够较为清晰地判断企业可能遇到的风险，并且负责向投资群传播投资知识。以知识元为中心节点的投资平台具有无限扩展的作用，知识的传播与信息的加工是同时进行的，这种机制就使得基于个体的主观判断和知识的传播结合为一体的信用增益机制，可以使个体投资者增加对融资企业的认识，这是在平台对企业进行信用审核基础上的第二层信用增益机制。第二，企业的融资过程存在的风险需要一定的承担者，在过去传统的两要素融资体系中，投资者因承担了过多的风险，而提出较高的收益要求甚至做出拒绝投资的决策，这使得企业的融资难以实现，因此，保险公司、信用评级机构、增信公司等以增信为目的而获取收益的商业机构就可以为企业提供信用增益，从而使企业获得额外的信用加成。

4.3 风险机制

科技型中小企业的技术创新融资过程中存在多重风险，因此，需要构建融资平台的风险分担机制来降低企业的风险等级。在风险机制的构建中，需要考虑的问题主要有两个——风险的承担和风险的转移，如图 4-5 所示。

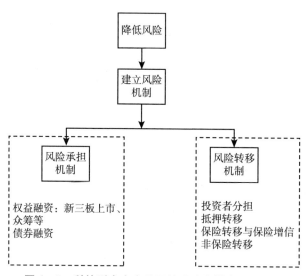

图 4-5 科技型中小企业开放式融资模式风险机制

4.3.1 风险的承担机制

技术创新融资的多重风险分别存在于企业研发本身的风险，由于技术的研发结果具有较大的不确定性，企业无法保证投入的资金能够实现预期的报酬。同时，由于研发的不确定性，反过来也有可能造成市场的异常反响，若企业的技术创新过程得到了市场的认可，企业将有可能获得超过常规的收益，对于投资者来说，能否享受企业获得的收益就取决于其投资方式。融资的两种最基本的形式——债权融资和权益融资是企业能够获得资金的主要途径。目前对于中小企业来说，两种形式都可以获得融资，并且相比较互联网金融兴起之前阻碍大大减少。

在互联网金融时代,通过权益融资获得资金已经拥有多种形式,例如企业可以选择新三板市场上市,使得自己的股份可以进行交易,但是新三板交易面临流动性的问题,流动性所带来的风险在于,股票流动性的下降意味着资本利润的下降。而众筹这种融资形式的出现为风险的分担提供了一种新的思路,众筹的种类很多,包括股权众筹、债权众筹和产品众筹等形式,基于权益的众筹方式是股权众筹和产品众筹。股权众筹给予投资者的是基于企业盈利的分红权,而产品众筹的形式则是一种将风险和投资者对企业、产品的认知相结合的融资方式。投资者针对众筹的项目进行资金的支持,而支持的资金一般用于某种项目的开发,这个项目开发的特点是未来将会生产某种产品,投资者基于对产品的认知决定是否投资,如果项目运行成功,投资者将获得产品的回报。这种形式的众筹没有跨越非法集资的法律红线,但同时将企业的研发、生产、销售与消费者的认知相结合,有效地降低了企业研发的风险和选择客户的风险,风险通过这种形式被转移到了投资者兼消费者身上,而且这种风险的分散是基于投资者自身的知识结构,因此,能够对风险做充分的认知。

通过债权形式,企业获得的是民间资本的借贷,这部分资本所承受的风险正是一般债权融资的投资者所承受的风险,即收益有限而损失无限,但是融资体系中存在的大量的投资者在进行债券投资的过程中实现了风险的广泛分布。通过对目前网络上 P2P 网贷等融资模式的调查和研究发现,大量的融资需求金额在 100 万元以下,并且多数投资者的投资额度在 1 万元以下。经过网络投资教育,多数投资者已经具备了分散投资的意识,即投资者手中的资金流向不同的项目,也流向不同融资平台推荐的项目,这就使得融资的匹配做到了广泛分散。每个投资者在一个项目上承担的风险是有限的,而且对于单个投资者来说,在一个项目上的损失可以由其他项目来弥补。此外,投资者在进行网络投资的过程中同样需要根据自己的判断和网络所披露的信息做出投资决策。

4.3.2　风险的转移机制

风险与收益的对称性是判断一种投资收益的基础,因此,在科技型中小企业的开放式融资体系当中，除了与投资者之间形成较为直接的风险分担机制之外，如何通过风险的转移将企业研发的风险转移到其他机构中也是风险机制的重要组成部分。风险转移机制包括抵押、保险等形式，即通过赋予投资者一定的追索权来分散风险。

对于科技型中小企业来说，无形资产占据了一定的比例，而固定资产的额度往往不是很高，企业的知识产权抵押就成为企业转移风险的一种途径，但这需要法律的健全，企业能够提供相对稳定的知识产权，接受抵押的金融机构具有相关的接受无形资产抵押的资质和知识储备、具有完整的知识产权价值评估体系以及服务中介等①。在降低企业知识产权质押风险的时候，要能够较为准确地确定收购的价格，也就是知识产权要能够在市场上较为轻松地流通，实施联合担保，由专门的知识产权认定机构对知识产权的价值进行确认，采用知识产权的反担保，由信用担保机构优先获得知识产权的处置权，同时，利用政策层面的风险担保金形成风险补偿制度，使风险得到充分的分散。

保险对于保障一定的风险起到了重要的作用，而对于企业来说，保险也是一种较好的降低自身风险的手段。由于保险的存在可以直接为企业增信，使投资者可以获得风险的补偿，降低企业所暴露给投资者的风险。企业也可以通过与他人或企业订立经济合同将风险以及与风险有关的财务结果转移的非保险转移方法。比如：将一些特定的业务交给专业的公司去完成，这些公司具有经验丰富的专业技术人员，拥有专业的设备和技能；对企业闲置的资产，采用出租或销售的方式进行处理，从而将资产上的风险转移给承租方或购买方。租赁、互助保证、基金制度等是最常见的非保险转移措施。

增信机构的产生是直接针对企业进行信用增益的机制，也是信贷理论研究的延伸。信用增信存在的基础是因存在"信贷配给"而产生的资源配置失灵。信用增信是通过行政化或商业化手段，对信贷资金的配置进行引导和修正，使其更加优化。增信机构通过发行增信产品，为企业的融资方式附加信用保证，并且保留向企业的追索权。杨晶昊提出，增信机制的原理在于信息和方案的归集，外部的信用增信机构与债权人信息共享，使信贷决策的信息更完整、充分

---

① 宋伟，胡海洋. 知识产权质押贷款风险分散机制研究 [J]. 知识产权，2009，19（119）：73 - 77.

和更具认可度，能够分散风险①。通过引入、控制和处置偿债资产，降低债权方预期损失，风险在债权人和增信资源供给方间分摊，提高了信贷资金配置效率。

4.4　参　与　机　制

科技型中小企业的融资平台当中存在多个要素主体，这些要素主体如何参与到整个平台的运行中需要构建一套较为完整的参与机制。前文已经对融资平台中的风险、企业的信用和盈利思维进行了分析，综合来看，基于社会网络理论，不同主体对于传统金融领域的机构与新兴互联网金融机构之间存在一定的博弈与合作关系，参与到这个融资体系中存在其自身的逻辑关系，如图4-6所示。

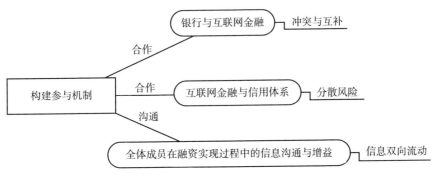

图4-6　科技型中小企业开放式融资模式参与机制

首先，是银行与互联网金融的合作。传统金融机构与互联网金融机构之间存在一定的冲突，互联网金融机构的出现使得传统金融机构的生存空间受到了挤压。虽然银行贷款占总贷款的比重依然较大，但是可以发现互联网金融已经为融资提供了额外的选择途径，并且这种途径的效率高，识别风险的可能性

---

① 杨晶昊．我国信用增信市场的"显隐"性表现形式及去"二元化"趋势［J］. 财经科学，2014（5）：55-56.

大，能够充分利用互联网、大数据带来的便利。另外，互联网金融具有理财产品准化程度高、收入相对较高、易操作等优势，已经被市场认可。互联网的快速成长不仅挑战了传统商业银行在理财产品销售方面的主要地位，还减少了传统商业银行的客户流量，冲击了商业银行的存款业务；这种趋势反过来倒逼着银行向互联网方向变革，银行从早期的简单网上银行逐渐发展到移动互联银行、小额信贷产品开发等，这种博弈的过程实质上也为企业的融资带来了便利。从这方面来说，传统金融机构与互联网金融在借贷类业务上存在一定的互补关系。事实上，传统金融机构早已认识到了互联网金融对其理财业务的影响，并且积极地进行产品和业务的创新，相继推出了免费"T + 0"可赎回、可还款性质的理财产品①。这种创新促使传统金融机构打破传统的思维，开发创新产品，坚持与时俱进，取长补短，互相合作，更加高效地充分利用自身优质的客户资源、雄厚的资金实力、完善的经营管理及风险控制机制②。2018 年5 月，渣打银行宣布携手 P2P 网络借贷平台业者 – LnB 信用市集，通过数位金融开创个人信用贷款新领域，与网络借贷平台合作，为客户跨平台申请贷款提供便利的途径。

其次，是互联网金融与信用体系的合作。互联网金融具有天生的多借口性，即互联网金融的融资过程可以使更多的参与者参与到其资金的提供、风险的识别和贷款的管理当中。互联网金融会充分利用大数据的优势，加快识别企业风险等级的速度，通过与征信机构等进行合作，网贷平台可以更加快捷地进行风险的分散和控制，进而为投资者提供第一重风险的过滤。P2P 公司为了降低风险，设置了平台准入标准。根据客户所提供的财务信息、信用记录等，P2P 公司会对企业进行信用评级，或者筛选可借贷项目。据了解，目前 P2P 公司的审核方式以评级为主。在信用评级方面，国外的 P2P 公司就如同上文介绍的一般，与征信体系合作，以个人信用为标准，同时根据客户提供的信用记录、银行或其他借贷记录为参考，对客户划分客户等级。

最后，是全体成员在融资实现过程中的信息沟通与增益。在全部成员的参

---

① 刘达. 基于传统供应链金融的"互联网 +"研究［J］. 经济与管理研究，2016，37（11）：22 – 29.

② 张孝君. 互联网金融对传统商业银行的影响及对策研究［J］. 榆林学院学报，2018，28（6）：105 – 107.

与构成中，除了资金的流动之外，开放式融资体系的一个重要循环就是信息的流动，总的来说，信息需要从资金需求者向投资者流动，而投资者的信息也会作为反馈回到资金需求者那里，形成闭合的回路，这就形成了在开放系统中的信息闭环。这个闭环的存在使得信息能够沿着既定的方向运动，并且在此过程中，降噪和信息的整合是信息传输过程中的两个重要任务。在传统的二要素融资体系中，企业的信息传输途径少，而且难辨真假，作为投资者也不具备判断的能力。伴随着网络的发展，各个融资体系中的参与者都具备了信息接收和输出的能力，不同的参与主体在获得信息之后分别根据自身的需求将其进行加工，形成隐性知识，但同时又会通过社会网络的形式将隐性知识传播出去，成为更加广泛的显性知识。例如政府监管部门需要获得企业融资的宏观信息，这种信息在进行加工之后转化成为政府制定相关法律监管规定的根据，而在发布这些监管意见之前，监管部门一定会就相关信息向社会大众进行披露，并且将这些信息反馈给企业、金融机构。这种信息传输的过程能够有效地抑制企业在融资过程中的失当行为，并降低整个金融体系的运行风险。对于增信机构来说，在对企业进行增信的过程中，其获得的是企业的整体经营情况和可抵押固定资产、无形资产等信息，这些信息的获得可以使增信产品更具有针对性，并且降低企业暴露的风险，降低投资者可能遇到的风险。对于投资者来说，信息的获得是其做出投资决策的根本依据。因此，从总体上来看，开放式融资体系的参与者们会相互作用，借助于网络平台和社交平台交流、加工所获得的信息，且在这个过程中增益有效信息。

第5章

科技型中小企业开放式
融资模式演化分析

    演化博弈理论是演化经济学的主要分析工具之一，在已有的研究过程中，这种研究工具被许多学者广为采用，并获得了较为丰富的研究成果。科技型中小企业开放式融资模式的演化与科技型中小企业的成长演化过程密切相关。本章主要遵循演化博弈分析的一般范式，在构建科技型中小企业的成长演化的基础上，分析其与开放式融资模式共同演化机制与特征。进而通过理论模型和逻辑推演，系统分析开放式融资模式参与方的稳定策略集。在此基础上，根据前述科技型中小企业开放式融资模式的主体和要素分析，在仿真模型中纳入相应的主体，对科技型中小企业开放式融资模式中的内在作用关系进行理论分析和相应的梳理推导，进而为后续科技型中小企业开放式融资模式的仿真模型构建提供理论依据。

5.1 科技型中小企业成长演化分析

    本部分首先对演化经济学的基本假设与研究脉络进行梳理，进而基于演化角度揭示科技型中小企业成长的内在逻辑。随着信息技术的快速发展，新模式、新技术等在企业领域被广泛应用，在很大程度上改变了企业的外部环境，尤其是对于科技含量较高的企业，它们在成长过程中表现出更高的不确定性和参与主体的复杂性，所以通过使用演化博弈分析方法揭示科技型中小企业的成长逻辑，有助于深化对科技型中小企业融资问题的解析。

5.1.1　科技型中小企业成长演化逻辑

1. 关于演化的含义

任何企业都处于同所处环境的动态适应之中，根据环境的变化进行调整，或者通过自身行为的演进来影响所处的外部环境，这种现象或行为可以认为是企业的演化动态。在已有研究中，演化的特征被概述为从简单到复杂、从低级到高级，在本书的研究中也采纳了这一观点。从这层意义来讲，科技型中小企业的演化可以看成科技型中小企业从创立、成长、发展，逐渐走向成熟，再从无序到有序，从低级形态到高级形态演变的结果。从本质上来看，科技型中小企业作为生命体，它的演化是自身在一定的外部环境中，通过遗传、变异、选择的方式，不断地与外界进行物质、能量和信息交换的过程。

然而，科技型中小企业作为生命体，它主要是由具有主观能动性的人组成的，这是区别于一般意义的生命体的主要特征。科技型中小企业在发展过程中，可以通过不断地调整和变革，实现成长的可持续性。基于此，科技型中小企业在成长过程中的演化特征可以从如下方面进行概述。

第一，演化的目的性。任何企业个体都无法脱离其生存的外部环境，科技型中小企业也不例外，它们通过主动适应变化的外部环境，有针对性地进行经营或管理策略的调整优化，来主动应对或适应外部环境的变化。并通过与外部环境的适应或被适应，不断对自身的结构体系进行调整，以实现更好的成长。

第二，主动选择性。科技型中小企业可以根据自身的经营特点来选择合适的产品形式、定价、市场细分策略等，当科技型中小企业所处的外部环境变得恶劣的时候，它们可以主动地选择新的发展环境，以实现在困境中的突破。

第三，实现可持续成长。与自然界中的生命体必然要经历从生成、发展、成熟、衰退到死亡的基本生命规律不同，科技型中小企业既可能从出生直接进入死亡，也可能突破死亡的约束，实现可持续的发展。例如，科技型中小企业具有很强的能动性，可以通过主动学习和优化从衰退阶段跃迁到二次成长阶段，即突破自然生命体的发展周期，实现可持续的成长。

2. 演化要素

根据演化分析范式，科技型中小企业的演变是由自身多种要素、多类主体通过多种途径与外部环境不断交换或互动来实现的。在这一过程中，遗传、变异和选择等生物学的演化概念可以被用来较好地解释这一现象，这些也是构成演化博弈分析的主要内容之一。

在利用演化作为分析工具的研究中，企业惯例是演化分析的基本单位，惯例主要是企业知识的表现形式[①]，这是可以支配企业的发展过程。对于科技型中小企业而言，惯例主要的作用是对企业自身拥有或控制的各种资源的整合利用，通过惯例的作用推动科技型中小企业的健康成长。通常情况下，知识可以分为显性知识和默会性知识两类。其中，以无形知识为核心的惯例属于默会性知识，它的主要特征是难复制性、异质性、环境依赖性等。默会性知识在科技型中小企业成长过程中往往表现为决定竞争优势的主要来源，这也是导致科技型中小企业不同成长水平的关键因素。与此同时，这些因素被存储下来就形成了科技型中小企业的成长惯例，也是其成长异质性的主要来源，从而有助于推动科技型中小企业持续地成长。由于外部环境是不断变化的，科技型中小企业的惯例具有环境适应性，如果企业不能根据环境的变化及时进行相应的调整，那么积累的惯例可能成为其成长的主要阻力来源。例如，如果科技型中小企业的惯例是不断推动企业变革创新，那么企业可以更好地适应变化，从而实现更好的成长。如果惯例表现为遵循企业过去的成功经验，因为经验具有环境适应性，环境的变化可能使得传统的成功经验失效，那么惯例可能成为科技型中小企业持续成长的主要阻力，影响企业成长的持续性。

实际上，在企业的发展过程中，模仿或跟随是许多小企业采用的主要策略，也就是说，一些成功的企业惯例可能会被其他企业学习模仿。并且，有的企业可能根据环境的变化和自身的条件，对这些成功的惯例进行优化，使得惯例能够更好地符合企业自身的发展。根据上述关于惯例在科技型中小企业成长

---

① Nelson, R. R., Winter S. An Evolutionary Theory of Economic Change [J]. Social Science Electronic Publishing, 1982, 32 (2).

过程中的基本作用描述可以看出，那些能够适应环境变化的成功惯例，被科技型中小企业相应保留或积累下来，并且这也会成为群体中多数个体都会选择或模仿的惯例，这些惯例的遗传将会促进整个种群的延续或实现更好的发展。

5.1.2　科技型中小企业演化模式

科技型中小企业作为生命体，同样呈现出了适应性、选择性等生命体所具有的一些共性特征。同时还拥有一些不同于一般生命体的特征，如持续性。科技型中小企业的这些特征满足演化经济学分析的假设。接下来将对科技型中小企业成长的演化模式展开具体的分析说明。

1. 科技型中小企业演化目标

从演化视角分析科技型中小企业的成长，前提是有限理性，这不同于新古典经济学中的完全理性假设。科技型中小企业的成长演变是通过不断更新自身的能力适应环境变化为基础的，而这种能力的更新也是基于企业认知的有限理性。同样的道理，科技型中小企业的发展目的就表现为如何根据环境变化实现自身成长得更优。由于主体都是有限理性的，不能达到完全理性，因而企业的目标只能是"满意"。具体来看，"满意"是个相对模糊的概念，难以设置客观或可以量化的标准来评价什么是"满意目标"。此外，"满意目标"决策形成依赖于一定的情境，这种情境却无法以时间为基础实现比较的动态性。对于科技型中小企业而言，其成长过程中具有动态性和复杂性，"满意"原则显然无法更好地对这一过程进行合理的比较。在这样的条件下，本书在研究过程中使用了"更优"原则，以说明科技型中小企业通过调整适应外部环境变化以实现持续成长的逻辑。

具体而言，科技型中小企业成长得更优目标是在有限理性前提下局部更优，主要体现为以下三方面：第一，科技型中小企业群体演化中，科技型中小企业个体会通过长期动态比较和横向的对比，倾向于选择或模仿群体中那些成功的并且可以为企业带来更高回报的经验；第二，科技型中小企业可以通过类似于计算机程序算法中的遍历方式，对比不同时刻的策略，从而选择出对企业而言更优的策略;第三,通常情况下,更优目标的判断准则是科技型中小企业采纳的策略给企业带来的回报不低于群体的平均回报率。如果科技型中小企业的回报率严格高于群体的平均回报率,则可以称之为严格更优。一般所说的最优目标,都是作为一种严格更优,这种情况在实际中是很难实现的。由此来看,科技型中小企业成长的演化目标是根据自身的发展,通过不断地进行策略比较,发现更优的策略,并积极调整自身的策略以实现更高收益的过程。

2. 科技型中小企业的演化路径

科技型中小企业在成长过程中所选择的策略成败,会对企业的可持续发展产生重要影响,甚至会影响到企业的生存。科技型中小企业在越来越激烈的市场环境中,需要做出更加准确的策略选择,才能赢得持续竞争优势。一般情况下,如果科技型中小企业选择某一策略带来的回报率高于行业的平均回报率,企业需要进一步强化该策略,让该策略成为企业的惯例,不断促进企业回报水平的增长。在科技型中小企业持续优化的过程中,会带来报酬递增的正反馈作用,在演化路径上则表现为路径依赖特征。但是,群体中的其他个体也具有很高的模仿能力,其他个体会积极模仿那些群体中能够带来高收益的策略行为,在这样的情况下,继续采用原有的策略可能会降低该企业的收益水平,且会低于群体的平均回报率水平,出现报酬递减效应。面对这种情况,科技型中小企业应当主动调整或改变曾经的成功策略,这种策略的调整会使得科技型中小企业的演变路径发生改变,即可能表现出路径创造现象或行为。

科技型中小企业对成功策略的采纳,可能表现为一种"路径依赖","路径依赖"的说法源自生物学的研究,后来经济学领域的研究较为广泛地使用。阿瑟提出了非遍历方法①,这种方法的含义是在科技型中小企业成长过程中,不同的策略选择及其发展过程不能以概率达到完全相同的结果,则该企业成长即为路径依赖性。当科技型中小企业所选择的策略具有报酬递增效应时,表现为策略选择的相关性和时间不可逆性,动态特征具体表现为以下几方面:第一,演化的结果与企业演化的过程是紧密联系在一起的,科技型中小企业在演

---

① Arthur, W. Brian. Competing Technologies, Increasing Returns and Lock-in by Historical Events [J]. Economic Journal, 1989 (99): 116 – 131.

化过程中采用不同的策略，可能会对最终结果产生不同程度的影响；第二，如果科技型中小企业演化模型中存在多个局部均衡，那么某种偶然事件条件下的策略行为就可能对演化路径的选择产生影响；第三，科技型中小企业采用某种策略，一旦该策略使得科技型中小企业能够在市场中获得高于群体平均水平的收益，将会继续选择该策略，并对群体中其他的策略集具有抵御性，持续的策略选择将会出现路径依赖性。

由于外部环境是不断变化的，如果科技型中小企业在成长过程一直采用相同的策略，因为环境的变化使得收益低于群体的平均收益水平时，科技型中小企业会改变策略，创新或模仿能够为其带来更高收益的策略，从而实现路径突破，打破原有的惯例。由于科技型中小企业具有学习能力，它们一旦发现其他企业获得了高于行业平均水平的回报，往往会模仿该企业的策略，随着模仿企业的数量增多，最终会对整个群体的策略的选择产生影响，进而形成新的演化稳定策略。由此来看，科技型中小企业的成长过程可以看成"路径依赖—路径突破—路径依赖"的不断往复循环的过程，同时也是不断试错和不断优化的过程。在这一不断调整的过程中，科技型中小企业会不断总结经验，发现适合自身成长得更优策略。从实际发展情况来看，科技型中小企业进行策略选择或策略改变寻求更高收益的过程，往往会有一组策略集，群体中的不同企业个体可能会选择策略集中的不同策略，从而在成长方面展现出多元化的路径或成长状态。

3. 科技型中小企业的演化策略

在主体的有限理性条件下，科技型中小企业的成长过程就是对不同策略的选择过程。一般情况下，科技型中小企业发展过程中的策略优化或创新，可以分为模仿方式和自主创新方式两种类型。从已有的发展实践来看，模仿方式是科技型中小企业更常使用的方式，而后一种方式则相对较少使用，这与其自身的约束条件紧密相关。模仿方式的创新是在引进先进方式基础上进行学习、分析和改进①。一般情况下，科技型中小企业自身的实力相对较弱，模仿吸收的

---

① 梁益琳，张玉明. 创新型中小企业与商业银行的演化博弈及信贷稳定策略研究［J］. 经济评论，2012（1）：16-24.

创新成本相对较低，风险较小，更适合于科技型中小企业的创新选择。但存在的问题是，模仿方式的策略，也是很容易被其他竞争者跟随的策略。在这种情况下，随着行业内跟随这种策略的企业数量增多，选择该策略带来的回报将快速减少，该策略选择已不是更优策略。如果科技型中小企业希望成长为行业内的领先者，就需要不断地追求高于平均水平的回报。追求更高水平的回报，需要采用自主创新的方式，尽管这种方式的风险较大。相对于模仿方式，自主创新方式往往可以实现对过去成功惯例的根本突破，可以形成群体内没有的全新惯例，这也是获取超额利润的重要基础，即获得"熊彼特租金"。

5.2　科技型中小企业与开放式融资模式的共同演化

科技型中小企业群体在成长过程中存在一定程度的相互作用关系，构成群体的不同个体的演变具有多元化的特征。针对这一规律，只有构建科技型中小企业群体的共同演化模型，才能更好地揭示科技型中小企业开放式融资模式的内在作用机理。关于共同演化的研究，其概念同样来自生物学的隐喻，下面将对共同演化的内涵与效应进行分析，揭示共同演化过程和层次，从而为完善我国多元化的融资市场体系提供必要的理论借鉴。

5.2.1　共同演化内涵及特征

欧立希等学者在1964年首次提出了共同演化的概念，他们的研究指出共同演化是自然界呈现多样化规律的关键机制[①]。其实，关于共同演化的思想在我国的一些哲学思想中早有体现，如"阴阳相生""刚柔并济"等。简森（Janzen）认为共同演化是种群中个体行为彼此之间产生的影响，从而产生紧密的联系，致使进化存在相互依赖的作用关系[②]。关于共同演化问题的研究，得到了越来越多的学者的关注和重视，尤其是在社会科学方面的研究进展较

---

① 张福军. 共同演化理论研究进展 [J]. 经济学动态, 2009 (3)：108 – 111.
② Janzen, Daniel. H. When is it coevolution [J]. Evolution, 1980, 34 (3)：611 – 612.

快。例如，诺加德（Norgaard）是最早在经济研究领域运用共同演化理论的学者，他认为在社会经济系统中的共同演化主要反映了知识、组织、技术、环境等的相互依赖的子系统间的交互与反馈关系①。与此同时，雷温等提出运用复杂系统理论、生态系统理论等理论与方法研究组织中的共同演化②③。根据已有的关于共同演化问题的研究，出现了多视角的研究成果，有关共同演化的内涵也比较丰富。具体来看，共同演化主要关注焦点表现为以下三方面：

第一，群体与环境之间具有相互依赖性，二者的联系是动态和演化的；

第二，不同群体之间的交互作用是共同演化的关注重点；

第三，惯例的变化不仅在同一群体内，更有可能出现在群体间。

从以上关于共同演化的描述来看，利用共同演化可以更好地揭示个体与个体、个体与群体、群体与群体的内在联系，以及它们表现出来的动态适应性。对于共同演化的内涵，结合前面的描述，可归纳为以下三方面。

第一，共同演化需要相对较长的周期，时间跨度特征十分显著；

第二，群体间的反馈机制是共同演化的研究对象；

第三，群体变化更强调"共同性"，可能同时存在时滞性。

基于以上分析，共同演化内涵可界定为：作为融资方的科技型中小企业个体与资金供给主体之间是存在相互作用关系的，这种作用关系具有一定的反馈性。简单来说，当科技型中小企业开放式融资模式中的资金供给方的群体适应性发生变化，作为资金需求方的科技型中小企业的适应性随之发生变化。反之，科技型中小企业的策略改变，也会作用于资金供给方的改变。

从上述对共同演化理论的分析与界定可以看出，如果将这一理论纳入科技型中小企业成长的开放式融资模式的分析过程中，基本前提必须要满足：资金供需双方的演变发生交互作用关系，并在群体间存在相应的反馈机制。只有满足该条件，群体演化才是由群体间的交互以及相应的反馈机制共同作用的

① Norgaard, Richard B: Coevolutionary agricultural development [J]. Economic Development and Cultural Change, 1984, 32 (3): 525 –546.

② Lewin, Arie. Y., Henk W. Volberda. The future of organization studies: Beyond the selection-adaptation debate [M]. 2005.

③ Volberda, Henk. W., and Arie Y. Lewin. Co-evolutionary dynamics within and between firms: From evolution to co-evolution [J]. Journal of management studies, 2003, 40 (8): 2111 –2136.

结果。

基于以上分析，共同演化的特征主要表现为五点。

第一，层次性。该特征反映了共同演化的过程是分层次的，也就是说，演化不仅会发生在参与主体的内部、主体之间，还有可能会发生在不同参与个体之间。此外，单个个体的行为可能会被嵌入科技型中小企业开放式融资环境中，从而使得不同层次间的演化呈现出嵌套性。

第二，多向因果。共同演化过程具有复杂性和多样性的特点，演化过程中的参与者可能与同一层或不同层的参与者形成因果联系，形成了多因果的关系链条。这种多向因果关系的存在，使得参与演化过程中的个体同时受到群体演化的直接影响，还可能受到来自其他群体演化行为的影响，反馈关系自然也存在这一过程之中。

第三，正反馈机制。科技型中小企业存在于一定的环境之中，所以它的融资行为会影响到其他个体，影响整个融资环境。同时，它也会受到其他个体或环境的影响，所以在融资过程中的演化是相互影响的，即通过反馈机制发挥作用。反馈机制包括正反馈和负反馈，对融资系统的演化发挥着各自不同的作用与影响。

第四，路径依赖性。无论是一般意义的演化，还是共同演化，都同样存在路径依赖作用。因为在整个开放式融资系统中，正、负两种反馈机制都会存在，不同反馈机制的作用会带来不同的效应，正反馈机制可能产生报酬递增效应，负反馈机制的存在则有助于打破平衡态，使得演化进入更高的有序层面。因此，反馈机制使得效应不断强化，并且产生路径锁，即在共同演化轨迹中表现为路径依赖。

第五，复杂适应性。前文提到的内容表明，共同演化不仅是多层次，同时还存在多向的因果关系，这些都会引起非线性和自组织的特性发挥作用。尤其是当原有的惯例不适应外部环境的变化时，科技型中小企业个体可能会主动通过自组织的方式应对新的环境变化，提高对环境的适应能力。同时，群体内部和群体间的反馈机制，也会使科技型中小企业开放式融资模式的共同演化表现为更明显的不确定性。

5.2.2　共同演化的运行机理

由前述对科技型中小企业开放式融资模式的理论分析可以看出，该模式是由多元化的构成主体，以及多层次的作用关系共同驱动的过程。在这一过程中，微观层次的科技型中小企业等单一个体的行为演变，会对整个科技型中小企业开放式融资模式产生重要影响。同时，科技型中小企业开放式融资模式的各类构成主体的交互关系，会对整个系统的宏观演化产生重要作用。反过来说，宏观行为的演变也会对微观个体的行为产生影响。具体来看，科技型中小企业开放式融资模式可以分为以下三个不同的层次。

第一层是微观层面。微观层面的内容主要包括融资方的科技型中小企业，以及资金供给方群体；

第二层是中观层面。中观层面主要是由科技型中小企业之间、资金供给方之间，以及两类群体之间的互动共同构成；

第三层是宏观层面。资金供给方、资金需求方、中介组织、监管方等群体共同构成了科技型中小企业的开放式融资系统的演化。

其中，微观层面的主体交互作用生成了宏观层面的演化，宏观层面又是微观主体作用的重要环境，不同层次间形成了相互影响的反馈关系。

1. 微观层面的演化

从微观层面来说，科技型中小企业开放式融资模式的主要构成主体包括科技型中小企业，以及各类提供资金的微观个体。因此，微观层面的科技型中小企业成长与资金供给方的行为是共同演化分析的逻辑起点。科技型中小企业与资金供给方都是在适应相互变化和外部环境扰动的过程中，逐渐形成了远离均衡态的耗散结构。在演化的微观层面，外部环境因素中的政策因素、行业因素、竞争因素等都可能对科技型中小企业成长的演化形成干扰或产生扰动效应，涨落现象可能由此产生。

以开放式融资系统中资金供给方的银行为例，在面向市场的竞争过程中，银行为争取优质的科技型中小企业客户，它们会主动对产品或服务进行调整，降低贷款成本等相应的有助于吸引客户的措施，这些渐进式的方式方法所产生的涨落现象可能会低于远离系统平衡态的临界值，系统中存在的负反馈机制会逐渐消除措施改变所引发的扰动现象，有助于使系统继续保持原有的平衡状态。相反，激进式的方式方法的采纳，可能会通过银行策略行为的不断强化，它们所产生的涨落一般情况下都会高于开放式融资系统变动的临界值，导致原有的融资系统进入失稳的状态。在这样的情况下，科技型中小企业开放式融资模式表现出的行为多样性和个体一致性，会诱发不同主体之间的耦合，形成更加多元的现象或演化，即路径的分叉现象发生。在开放式融资系统中，银行会依据市场需求和外部环境的变化，通过一定的机制做出适应性决策，所选择的策略可能随着正反馈机制的作用不断出现涨落，形成新的有序或惯例，更高层面的有序随之形成。与银行的演化过程类似，科技型中小企业的惯例形成也会有相通之处。具体来看，外部环境变化达到一定的临界点，科技型中小企业原有的惯例或内部结构可能无法适应变化的环境，从而会引发原有惯例的改变。这种变化可能导致科技型中小企业的演化进入失稳状态。非线性关系在科技型中小企业开放式融资模式中具有显著的驱动作用，这种非线性相互作用会生成更高层级的有序，使得从失稳到稳态再次发生新的演化。一定程度上，科技型中小企业开放式融资模式的微观层面的演化过程中，可能会出现多种形式的分叉，进而策略选择需要从多个维度考虑。

第一，考虑时间因素的影响。时间因素在科技型中小企业开放式融资模式演变过程中是重要的影响因素，在考虑时间因素的情况下，对于那些更早出现的惯例，有助于成为先发优势，即可能成为个体的主要策略选择；

第二，不考虑时间因素的影响。当不考虑时间因素的影响时，有两种不同的选择：一种是自发选择，即演化路径可能完全是因为随机因素的作用，即随机选择结果为最优或非最优的策略；另一种是诱导选择，即科技型中小企业开放式融资模式的个体策略选择是由于诱导因素的作用，诱导因素通常呈现为多样性和非对称性，所以最终选择的路径可能不是实现最优的策略选择。

2. 多层次的共同演化

从前述微观层面的分析可以看出，如果科技型中小企业的演化过程和资金供给方的自组织达到一定程度，将对中观层面的变化形成扰动，这种扰动将导致中观层面不同主体之间的互动结构发生相应的改变。一旦扰动导致的涨落超过临界值，将带来惯例的改变，进而使得开放式融资系统进入失稳状态。这一状态的出现，使得科技型中小企业之间、资金供给方之间的关系发生变化，进而导致微观层面主体行为的耦合。因此，在开放式融资系统中的各类主体的相互作用下，促进科技型中小企业融资需求的正反馈机制得到不断的强化，这种强化有助于形成新惯例。在中观层面，科技型中小企业与资金供给方之间的互动选择是促进系统演化的主要动力。当开放式融资系统中某一科技型中小企业或资金供给方的行为通过交互过程向开放式融资系统扩散的时候，将会对宏观层面的开放式融资系统产生初始扰动，进而带动群体中的不同主体偏离稳定态。当变化超过临界值时，系统将会出现结构性失稳，系统中的主体会在合作中不断地演进。在这种情形下，受到宏观层面的政策环境、金融环境、市场环境等外部环境因素的影响，同时在外部性和正反馈效应的作用下，将进一步形成宏观层面的新的稳定状态。

以上的理论分析表明，多层次的共同演化引起了路径依赖在宏观、中观和微观三个不同层面之间的传递。微观层面主体的新策略构成了中观层面演化过程的路径分叉，外部环境的诱导因素，使得在某方面占优的路径分叉会被选择，尤其是具有报酬递增的融资策略，正反馈机制的作用将使其形成新的惯例，同时中观层面的演化路径又构成了宏观层面的路径分叉。宏观层面的演化路径一旦形成，就有助于新的融资策略形成与强化。然而，选择新的策略为主体带来更高的回报，由于学习效应的存在，其他主体也会选择相应的策略，这可能使得科技型中小企业的开放式融资模式产生"锁定"。

5.3　开放式融资的演化博弈过程

科技型中小企业开放式网络融资系统的演化过程，可以使用演化博弈理论较好地加以解释，这也是分析科技型中小企业开放式网络融资系统中参与方策略选择问题的有效路径①。根据相关学者对演化博弈的理论研究，本部分重点阐明科技型中小企业开放式网络融资系统中的不同参与方是怎样达到稳态的，这对后续的科技型中小企业开放式融资模式的建模分析可起到重要作用。

5.3.1 开放式融资模式的演化机制

在有关演化博弈的学术研究中，分析的机制主要包括：选择、模仿、突变。接下来，按照这一机制分析的逻辑对科技型中小企业开放式融资模式的演化过程进行探讨分析。

1. 选择

在选择这一阶段，科技型中小企业开放式网络模式的各参与主体都期望得到更高的预期回报，各参与主体对期望收益占优的策略更具倾向性。根据发展的实际情况，科技型中小企业投资项目的成功概率有高有低，投资项目的风险也各有不同。通常情况下，风险越高的项目收益越高，风险越低的项目收益越小。当科技型中小企业期望通过外部途径获得资金时，由于信息的非对称性，外部投资者对科技型中小企业的情况了解有限，资金供给方对科技型中小企业的融资需求的真实目的，尤其是针对高风险项目难以做出准确的判断，逆向选择行为在这种情况下很容易发生。另外，科技型中小企业获得外源融资后，有一定的概率选择违约或不违约。有关科技型中小企业融资的静态博弈分析表明，科技型中小企业选择失信不贷款和资金供给方选择不贷款是纳什均衡解。但是，如果是多阶段的动态博弈，科技型中小企业选择归还外部贷款则是最优策略解。基于这些相关的理论研究，构建科技型中小企业开放式融资模式参与方的适应度函数模型，进而采用复制子动态模型表征群体 G 和 H 的遗传效应和自然选择。

$$u_i^* = u_i f_i^G (a_j, \ S^H) \tag{5-1}$$

$$v_i^* = v_i f_i^H (b_i, \ S^G) \tag{5-2}$$

---

① Smith, J. M. Did Darwin Get It Right? [M]. Springer US, 1988.

在上述公式（5 - 1）和公式（5 - 2）中，各参数的基本含义为：

u_i、v_i 分别表示科技型中小企业和资金供给参与方两类群体在 t 时刻选择策略 i 时的个体数量；

a_i、b_j 则是表征科技型中小企业和资金供给方在 t 时刻选择策略 i 的回报；

f_i^G、f_i^H 是反映选择策略 i 时的适应度函数，即当某一类群体策略分布一定情况下，另一类群体选择该策略的回报。

根据以上的关系设定，G、H 两类群体的数量关系可以表示为：$R = \sum_{i=1}^{n} u_i$、$W = \sum_{i=1}^{n} v_i$。根据 $u_i = P_i R$、$v_i = Q_i W$ 的基本关系，代入前述公式 5 - 1 和公式 5 - 2，可以得到两类群体的适应度函数关系：

$$\overset{*}{P_i} = P_i [f_i^G (a_i,\ Q,\ W) - \bar{f}^G]　　　　(5 - 3)$$

$$\overset{*}{Q_i} = Q_i [f_i^H (b_i,\ P,\ R) - \bar{f}^H]　　　　(5 - 4)$$

在公式（5 - 3）、公式（5 - 4）中，$\bar{f}^G$、$\bar{f}^H$ 是 G、H 两类群体的平均适应度。

2. 模仿

这一机制是对科技型中小企业开放式网络融资模式建模过程中一种重要分析路径，在构建的多阶段动态演化博弈模型中，每完成一轮的博弈就会对各主体的参与结果进行分析。根据最终的分析结果，对接下来的博弈是否采用前一轮博弈的策略进行选择。这一过程，科技型中小企业开放式融资模式的各主体会根据一定的规则进行处理。结合处理结果，确定下一轮博弈采用某一策略的概率水平。据此，本书分别使用 $e_i(P)$、$e_i(Q)$ 作为 G、H 两类群体的反思函数。同时，分别使用 $\gamma_i^j(P)$、$\gamma_i^j(Q)$ 通过上一轮博弈结果的学习反馈之后，从策略 i 转向策略 j 的概率函数。根据本书的研究对象，如果科技型中小企业这一类群体主要是以模仿周围企业的策略为主要选择的情形，那么根据前面的反思函数和策略转化的概率函数，可以得到如下关系：

$$e_i(P) = \rho - \sigma f_i^H (b_i,\ P,\ R),\ \rho,\ \sigma \in R\ 且\ \frac{\rho}{\sigma} \geqslant f_i^H (b_i,\ P,\ R)　(5 - 5)$$

公式（5 - 5）中的 ρ 是 $e_i(P) = 0$ 时，主体可以获得的回报水平。基于以上分析，得出的选择动态函数表达式为：

$$\overset{*}{P}_i = \sigma[f_i^G(a_i,\ Q,\ W) - \bar{f}^G]P_i,\ (\sigma > 0,\ \sigma \in R) \qquad (5-6)$$

基于以上的分析逻辑，可以分别得到科技型中小企业开放式融资模式中其他参与方的选择动态函数表达式。在科技型中小企业开放式融资模式中，如果相关的参与主体不是单纯的对其他主体的模仿，而是具备一定的学习和反思能力，按照一定的概率函数选择博弈中使用的策略，那么，在整个参与方群体中，那些获得回报水平高的策略往往有更高的概率被选中。这一规则在一定程度上说明科技型中小企业开放式融资模式中的参与主体都是具备一定的学习能力，可以通过学习优化选择那些可能带来更高回报的策略。在这样的情况下，存在如下函数关系：

$$\lambda_i^j(P) = \varphi + \eta f_i^G,\ (\varphi,\ \eta \in R) \qquad (5-7)$$

在公式（5-7）的基础上，得到模仿复制模型的函数表达式：

$$\overset{*}{P}_i = \frac{\eta}{\varphi + \eta f_i^G}[f_i^G(a_i,\ Q,\ W) - \bar{f}^G]P_i,\ \varphi,\ \eta \in R \qquad (5-8)$$

3. 突变

在生物学中，突变是一种较常见的机制。但是相对于模仿和选择，突变的作用是相对较为特殊的情况。在科技型中小企业开放式融资模式中，对突变机制的引入主要是考虑演化博弈的动态均衡问题。根据这一基本描述以及前述函数表达式推导，形成了如下关于变异者模型的函数表达式：

$$\overset{*}{P}_i = \sum_{i \neq j}^n \big[\gamma(i,j)P_j - \gamma(j,i)P_i\big] + P_i[f_i^G(a_i,\ Q,\ W) - \bar{f}^G] \qquad (5-9)$$

$$\overset{*}{Q}_i = \sum_{i \neq j}^n \big[\gamma(i,j)Q_j - \gamma(j,i)Q_i\big] + Q_i[f_i^H(b_i,\ P,\ R) - \bar{f}^H] \qquad (5-10)$$

在公式（5-9）和公式（5-10）中，$\sum_{i \neq j}^n \big[\gamma(i,j)P_j - \gamma(j,i)P_i\big]$、$\sum_{i \neq j}^n \big[\gamma(i,j)Q_j - \gamma(j,i)Q_i\big]$ 分别表示了突变对科技型中小企业开放式融资模式中群体的策略选择产生的影响。

5.3.2 演化稳定的标准

在有关演化博弈动态稳定的文献研究过程中，不同的学者给出了不完全一致的演化稳定标准。根据已有学者对演化稳定的研究,本书采用的方式是假设在参与方发生交互关系的时候,从不同群体的构成主体中随机任选一个。基于此,构建了如下定义标准:即如果策略组合 s 具有演化稳定性,且在策略组合中具有的关系为 $s \neq s'$,同时当 $\overline{\xi_{x'}} \in (0, 1)$ 的时候,$\xi \in (0, \overline{\xi_{x'}})$ 且 $\psi = \xi s' + (1 - \xi)s$ 关系是成立的,那么表达式成立:

$$f_i(s_i, \xi_{-i}) > f_i(s'_i, \xi_{-i}) \qquad (5-11)$$

5.4　开放式融资模式的演化模型构建及分析

在演化博弈分析过程中,两类群体均对高收益策略有学习和模仿倾向,尤其是当外部监督力量没有足够的动力时,依靠科技型中小企业等不同主体的内在约束,往往会导致模型陷入“死循环”状态,进而永远不能实现演化稳定。在这样的情况下,就需要引入第三方的机制,形成新的“出口”,从而使得科技型中小企业开放式融资的演化模型可以进入稳定态。

5.4.1　多重结构分析

科技型中小企业与资金供给方之间的关系需要从系统或整体的角度加以分析梳理,科技型中小企业作为生命体是无法独立存在的,与环境发生必要的关系是其可以实现生存的必然途径。科技型中小企业的这一演变过程实际上就是其同外部环境之间的作用和适应的过程。也就是说,科技型中小企业开放式融资模式中的构成主体、相关要素等彼此之间不是割裂的,而是存在相互作用或相互影响的,它们之间的作用可能是直接关系,也可能是间接关系。由此来看,科技型中小企业的开放式融资系统具体包括三方面的内容:组成单元、系统模型与生态环境。

首先,科技型中小企业开放式融资模式中的组成单元可以界定为使模式得以有效运作的基本单位。根据前述对科技型中小企业开放式融资模式的理论分析,科技型中小企业、商业银行、第三方支付等都是其重要的构成主体。实际上，科技型中小企业开放式融资模式中两类主体是关键性和基础性的，即：资金供给方（所有提供资金的参与方）、资金需求方（科技型中小企业）。在此基础上，还包括诸如政府机构、第三方中介组织等相关的参与主体，这些也是保障科技型中小企业开放式融资模式有效运转的重要组成主体。其次，科技型中小企业开放式融资模式中的不同构成主体或构成单元之间存在着作用关系或作用形式，这都是科技型中小企业开放式融资模式中的主要运行规则。再次，外部环境因素也是科技型中小企业开放式融资模式运行的重要因素，这些外在因素也就是通常所说的各种政策环境等，例如财税政策、支付政策、社区规则等。

由以上的描述过程可以看出，科技型中小企业开放式融资模式具有多重结构属性，各种不同类型的组成单元都是该多重结构可以有序运行的重要基础保障。科技型中小企业开放式融资模式中的系统模型是核心内容，主要是表现各种主体或要素作用或行为的规则反映。外部环境则是科技型中小企业开放式融资模式的重要外部条件，如负外部环境因素、正外部环境因素等，以确保形成内外有序运行的关系。科技型中小企业开放式融资模式存在的来源多样的资金提供者是保障资金需求者的资金来源的重要力量，这也是与传统融资模式有差异的主要来源之一，为解决科技型中小企业融资困境提供了重要基础。

科技型中小企业开放式融资模式中的参与主体，包括科技型中小企业、多元化的资金供给方，共同处于由多种主体或参与方构成的金融生态环境之中，它们都是追求利益最大化的个体。对于科技型中小企业开放式融资模式中的参与主体，它们一般都具有自适应性、非均衡性和复杂性的特征。因此，这些个体往往是具备学习和记忆能力，由此可以积极做出选择并按照利益最大化的原则进行优化策略，最终形成适合自身利益的演化稳定策略。此外，可以通过影响或改变科技型中小企业开放式融资模式中参与方的行为，有效降低信息非对称性，使得科技型中小企业开放式融资模式可以实现演化稳定的均衡。

5.4.2 科技型中小企业开放式融资模式演化分析

前述分析了科技型中小企业开放式融资模式中的多重结构，接下来对其中的各主体之间的作用机理进行理论解读，进而为各主体的策略选择以及后续仿真规则的设计提供理论分析基础。

（1）科技型中小企业开放式融资模式的多重关系。从系统科学的角度来说，科技型中小企业开放式融资模式必然包含了各种组成要素、要素之间的关系，以及外部生存环境等内容。具体来说，各种要素是科技型中小企业开放式融资模式这一系统能够实现有序运行的基础单元，这些基础单元分为不同的类型，如资金需求方、资金供给方、第三方中介等。科技型中小企业开放式融资模式中的不同组成要素之间的关系形成了系统的结构，要素之间发生的联系即为规则。此外，科技型中小企业融资模式的运行必然会受到其他外部因素的影响，这些外在的因素共同组成了科技型中小企业融资模式的运行环境。通常来说，环境因素主要涉及政策、文化、技术、信息等方面。

科技型中小企业开放式融资模式具有复杂适应系统的诸多特征。从这一角度来说，科技型中小企业开放式融资模式中各类主体的连接主要是靠信息的流动来实现的，所以信息的有效性对该系统的稳定运行或实现演化稳定都具有十分重要的影响，这也是科技型中小企业融资模式的根本所在。此外，从科技型中小企业存续的外部环境来说，它们的作用主要表现为直接或间接的影响，影响程度的强或弱，影响作用是积极或消极等。正如前文提到的科技型中小企业开放式融资模式的多重结构特征，它在与周围的主体等发生关系的时候，根据生成的结果形成反馈。在这一过程中，如果科技型中小企业个体能够获得来自外部的多元化资金支持，就会有其他的个体采用模仿策略以获得可能的外部资金支持，这有助于科技型中小企业开放式融资模式形成演化稳定态。

科技型中小企业开放式融资模式的各组成（或参与）个体，都是有限理性的，所以利益最大化是其做出选择的重要依据。前述对科技型中小企业开放式融资模式的机制分析中指出，各类主体都具备模仿、学习和反馈等能力，由此那些有助于个体获取更高利益的策略会成为多数个体的选择。此外，不同的个体在参与的过程中，会根据自身的利益得失来对自己的下一次行为进行判断并做出相应的选择。例如，外在环境的变化可能对科技型中小企业开放式融资模式的参与主体的收益函数产生影响，进而对主体的策略选择行为产生影响。在这个体系中，信息的有效传递是确保科技型中小企业开放式融资模式有序运行的关键，所以中介或监管组织的参与将对信息非对称问题起到重要的缓解作用，这将使科技型中小企业开放式融资模式有望实现演化稳定。

（2）科技型中小企业开放式融资模式的博弈模型。前述分析中提到，信息的真实客观传递对科技型中小企业开放式融资模式起到重要作用，所以提升信息的传递效率是非常重要的环节。向市场或投资者传递可信赖的信号显然是很有必要的。存在这一现象的主要原因就在于科技型中小企业的信息隐藏，以及经营过程的不确定性。对于这样的一种情形，外部投资者在对科技型中小企业的信息了解有限的情况下，往往不会进行投资或者进行少量分散化的投资以规避潜在的风险。对于科技型中小企业开放式融资模式而言，需要引入数量更多、组成多元的投资主体，尽可能地分散风险，从而缓解融资约束。在这一过程中，科技型中小企业开放式融资模式有助于分散风险，但是仍然需要第三方组织的介入，以保证整个体系的稳定运行。具体来说，可以考虑两方面的因素：一方面，政府等机构要充分发挥其导向作用，例如，通过财税政策改革，降低通过类似平台产生收益的税负，引导相关投资者给以更高的关注；另一方面，加大政策性引导资金的规模，通过引导资金发挥作用，激励或吸引更多的外部资金进入市场，从而持续扩容资金供给的"蓄水池"。

科技型中小企业开放式融资模式是更加开放和更加多元的体系，外部的第三方中介也是平台的重要组成部分。一般来说，科技型中小企业开放式融资模式的有序运行，需要有担保机构、征信机构等第三方机构的参与或介入，它们的参与在一定程度上有助于避免因监管不足引发的市场风险，从而保护投资者的利益，更好地吸引外部投资者的参与。相比于其他的第三方社会组织，政府引导资金等进入市场，所产生的社会影响力是非常明显的，这将会在很大程度上改善科技型中小企业的融资生态。例如，政府相关机构对企业的支持，可以较好地降低企业违约水平，有助于演化模型达到演化稳定。在此基础上，进一步纳入政府、第三方中介等主体的参与，构建演化博弈模型。由此，可以得到科技型中小企业在选择违约策略和选择不违约策略的适应函数。具体参见接下来的公式（5-12）和公式（5-13）：

$$f_1^G = Q_i \{ \lambda_i [D(1 + \tau_i) + C_i - G - F] - BD - DIR_{DB} \} \qquad (5-12)$$

$$f_2^G = Q_i \{ \lambda_i [D(1 - R(t)) + C_i + F] - BD - DIR_{DB} \} \qquad (5-13)$$

前述分析中指出，科技型中小企业开放式融资模式中各类主体的期望收益函数，可以通过计算方式引入政府、第三方中介等类型主体后的复制动态方程，方程的表达式为：

$$\overset{*}{P} = P_1(f_1^G - \bar{f}^G) = P_1(1 - P_1)Q_1\lambda_i[D(1 + R(t)) - G - 2F] \quad (5-14)$$

$$\overset{*}{Q} = Q_1(f_1^G - \bar{f}^G) = Q_1(1 - Q_1)\{G + DIR_1 + F_G - DR_0 + \lambda_i(1 - P_1)$$
$$[D(1 + R(t)) - G - DIR_1 - F_G]\} \quad (5-15)$$

在引入政府、第三方中介等类型的主体后，模型的演化稳定状态相对更容易达成。从推论的结果来看，政府相关的政策支持有助于对科技型中小企业开放式融资模式的演化稳定起到促进效果。具体来说，在政府支持政策的作用得到增强的前提下，这种情况将会在很大程度上改善科技型中小企业的融资生态，使其更可能从外部获得必要的资金支持，也就是说，使得科技型中小企业获得外部资金的概率变大。在这样的状况下，科技型中小企业不违约的情形将会得到强化，从而更容易实现演化稳定状态。

进一步考虑科技型中小企业履约的情形，进而构建新的演化博弈模型。基于此，可以得到科技型中小企业选择违约策略和选择不违约策略的适应函数。具体的函数表达式参见如下公式（5-16）和公式（5-17）：

$$f_1^G = \lambda_i[D(1 + \tau_i) + C_i - G - F] - BD - DIR_{DB} - V_1H \quad (5-16)$$

$$f_2^G = \lambda_i[D(\tau_i - R(t)) + C_i + F] - BD - DIR_{DB} + V_1(2\lambda_iH - H)$$
$$(5-17)$$

根据公式（5-16）和公式（5-17），基于前述相同的研究方法，计算得到模型Ⅳ的复制动态方程，具体的函数表达式为：

$$\overset{*}{P} = P_1(f_1^G - \bar{f}^G) = P_1(1 - P_1)\{\lambda_i[D(1 + R(t)) - G - 2F] - 2\lambda_iV_1H\}$$
$$(5-18)$$

$$\overset{*}{V} = V_1(f_1^H - \bar{f}^H) = V_1(1 - V_1)(DIR_1 + F_H)(1 - \lambda_i + \lambda_iP_1) \quad (5-19)$$

从前述模型的构建过程来看，如果政府为科技型中小企业提供了良好的扶持条件，同时科技型中小企业开放式融资模式中的资金供给方采取相对更加严格的机制或策略，对于科技型中小企业而言，选择如期履约是更优的策略，在这种情况下也容易达到均衡状态。

　　本章对科技型中小企业开放式融资模式进行了理论分析，接下来将依据其中的规则和机制分析，利用多主体建模与仿真方法，模拟科技型中小企业开放式融资模式的演化过程，从而为科技型中小企业开放式融资模式的运行提供参考。

第6章

科技型中小企业开放式融资模式仿真

科技型中小企业开放式融资模式的不同构成主体根据一定的规则发生交互作用，彼此的行为都可能对其他的一方产生重要影响，这种影响可能是非线性关系，使得各类主体在开放式融资系统中呈现出多样化选择或行为。在此基础之上，依据基于主体的建模与仿真方法，探讨科技型中小企业开放式融资模式的仿真过程，进而明确科技型中小企业开放式融资系统中的建模主体。然后，根据前述理论分析，使用建模工具构建仿真模型，模拟科技型中小企业开放式融资模式演化。

6.1　基于主体的建模与仿真方法概述

一般情况下，多主体建模的内容涵盖建模方法、建模工具、建模步骤等部分。根据基于主体的建模研究路径，在分析科技型中小企业开放式融资模式建模前首先对建模方法、建模工具和建模步骤进行说明。

6.1.1　基于主体的建模方法说明

基于主体的建模是关于交互作用的自治主体的建模方法[①]，这种方法在一

[①] Macal，C. M.，North，M. J. Tutorial on Agent-based Modeling and Simulation Part Ⅱ：How to Model with Agents ［C］. Proceedings of the 2006 Winter Simulation Conference，2006：73 – 83.

些研究中也被称为多主体建模方法。多主体建模与仿真方法是与复杂系统等科学紧密联系在一起的，尤其是复杂适应系统理论。近年来，随着互联网技术的发展，对计算机的应用更加广泛，跨学科领域的应用也是非常多的。如股票市场、组织行为、社会动力学、城市交通、技术创新等方面，多主体建模方法都得到了广泛的应用。多主体建模与仿真方法的优点在于，它可以根据开放式融资系统中的主体的属性，设定相应的交互规则，实现由下到上、从微观到宏观的演变，无法用现实中实验检验的内容得以在仿真过程中实现再现①。多主体建模与仿真方法中最基础的概念为主体，即 Agent，所以多主体建模与仿真方法有时又被称为基于 Agent 的建模与仿真。主体一般被表述为具有高度自治性且可以识别的实体，主体通过一些简单的规则或属性实现彼此之间的交互作用。国内外的部分学者认为，主体的特征主要包括：自治性、社会性、响应性、主动性和灵活性②③④。其中，自治性指对状态或行为具有可控性，能够与可以接触地域内的其他主体发生关系；社会性指主体基于一定的行为规则与其他主体产生关系；响应性指主体对环境变化做出的响应；主动性指主体的行为选择具有高度的自主性；灵活性指主体可以通过自主学习来优化自己的行动规则。

有关多主体建模与仿真的文献研究表明，多主体建模方法内在隐含着相应的假设⑤。根据这些文献的研究结论，主要假设可概述如下。

第一，主体之间的交互关系具有自主性，宏观演化是由于微观主体行为涌现。

第二，不同主体既相互竞争，又相互合作，相遇具有随机性或确定性。

第三，主体的行为规则具有简单特征，不同主体的行为具有并发性特点。

---

① Gilbert, N. Agent-based Social Simulation: Dealing with Complexity [R]. Working Paper, Centre for Research on Social Simulation, University of Surrey, Guildford, UK, 2004.

② Wooldridge, M., Jennings, N. R. Intelligent Agents: Theory and Practice [J]. Knowledge Engineering Review, 1995, 10 (2): 115–152.

③ Epstein, J. M. Agent-based Computational Models and Generative Social Science [J]. Complexity, 1999, 4 (5): 41–60.

④ Macal, C. M., North, M. J. Agent-based Modeling and Simulation: ABMS Examples [C]. Proceedings of the 2006 Winter Simulation Conference, 2008: 101–112.

⑤ Malleson, N. Agent-Based Modelling of Burglary [D]. United Kingdom: The University of Leeds, 2010.

从上述三条规则来看，体现了多主体建模与仿真是一种极具灵活性的技术，对社会科学研究、模拟事物行为的过程，优点更加清晰。

6.1.2　基于主体的建模工具选择

多主体建模方法与计算机技术为共生关系[①]，计算机技术和互联网的发展使得有关基于主体的建模工具快速发展，并且友好性也越来越高。在相关的文献中被多次提及。其中，比较有代表性的包括 Swarm、NetLogo、Ascape、Repast、StarLogo 等，这些仿真平台多数都是开放源代码的，都希望为研究人员提供界面友好的分析工具，大大降低了社会科学工作者基于计算机技术的研究难度。一些学者对不同的多主体建模工具进行了比较[②③]。这些学者的比较研究涉及目标、复杂性、运算、应用范围、扩展性、学习门槛等维度。在社会科学的仿真文献中，采纳比较多的仿真平台包括 Swarm、NetLogo、Ascape、Repast，接下来主要对这四种工具进行分析梳理，结果见表6－1。

表6－1　　　　　　　　　　主流的多主体建模工具特性

类型	Swarm	Repast	Ascape	NetLogo
设计目标	标准建模 软件工具集等	学习周期短 结构化模块	高度抽象，强调 使用简单语言 描述模型	编程要求低 学习门槛低
运行速度	简单模型较快 复杂模型较慢	较快	较快	快
应用广度	广泛	广泛	一般	较广泛
维护频率	较多	较多	一般	较多

---

① Gilbert, N., Bankes, S. Platforms and Methods for Agent-based Modeling [J]. Proceedings of the National Academy of Sciences, 2002, 99 (3): 7197－7198.

② Duncan, A. R. Agent－Based Modeling Toolkits Net Logo, Repast, and Swarm [J]. Academy of Management Learning & Education, 2005, 4 (4): 525－527.

③ Railsback, S. F., Lytinen, S. L., Jackson, S. K. Agent-based Simulation Platforms: Review and Development Recommendations [J]. Simulation, 2006, 82 (9): 609－623.

类型	Swarm	Repast	Ascape	NetLogo
可扩展性	较好	好	一般	不易扩展
初学者学习成本	高	较高	较高	较低
编程复杂性	复杂	较复杂	较简单	较简单

资料来源：引自刘德胜. 创新型中小企业基因及作用机理研究 [D]. 济南：山东大学，2011.

从表6-1对四种主流建模工具特性的描述可以看出，这些建模工具都对研究人员的程序编写基础有一定的要求，除了 Ascape 平台，其他三类平台都是开源的，并且平台升级频率较快，且具有学习群组和邮件群组，便于学习者及时解答建模过程中遇到的问题。其中，Repast 基础语言是 JAVA，且与 JAVA 类库可以通用，具有非常好的可扩展性①，大大降低了研究人员的工作难度。尤其是对于具备 JAVA 语言基础的研究人员，学习门槛大大降低。综合考虑实际情况，课题选择了 Repast 作为科技型中小企业开放式融资模式的建模工具。

6.1.3 基于主体的建模步骤设计

基于主体的建模思路与步骤，主要涉及实际系统、概念模型、仿真模型、运行结果四个部分的内容。但多主体建模与仿真方法又是从主体的角度展开的，这种切入点的差异与一般的建模方法在细节方面形成一定的差异。国外不少学者对这种建模方法进行了较多的研究。例如，麦考等提出了基于 Repast 平台的一般性分析框架，它为基于该平台的仿真模型构建奠定了重要基础②，具体步骤包括五点。

第一，主体类型界定与属性描述。

第二，主体的外部生存环境定义。

---

① North, M. J., Collier, N. T., Vos, J. R. Experiences Creating Three Implementations of the Repast Agent Modeling Toolkit [J]. ACM Transactions on Modeling and Computer Simulation, 2006, 16 (1): 1 - 25.

② Macal, C. M., North M J. Tutorial on agent-based modelling and simulation [J]. Journal of Simulation, 2010, 4 (3): 151 - 162.

第三，主体属性的更新。

第四，交互作用的规则设计。

第五，运行仿真模型。

在延续上述步骤的基础上，并基于 Repast S 平台展开。Repast 平台建模最关键的要素是情境（Context）、映射（Project）、主体（Agent），其中，情境是 Repast 平台的核心，它主要是界定了一个抽象总体与交互关系的机制；映射主要是用来描述不同要素的作用规则，如网格空间、连续空间、网络等。根据相关学者的文献研究和本书的实际需要，建模步骤具体包括六点。

第一，建立 Repast S 项目，所有相关的元素均位于其中。

第二，建立 Context 类，新创建的类可以继承平台中原有的类。

第三，建立 Agent 类，并为不同的主体设置参数。

第四，建立 Project，并确定主体间的交互规则。

第五，运行模型，并为模型的运行建立可视化展现。

第六，模型测试与数据采集，并对运行结果进行必要分析。

借鉴已有学者的研究[1][2]，并结合本课题的实际研究需要，提出了科技型中小企业开放式融资模式的建模步骤（见图 6-1）。

第一，科技型中小企业开放式融资模式的界定。主要是在科技型中小企业是生命体假设的基础上，界定并清晰地阐释什么是科技型中小企业的开放式融资模式，以及存在的边界条件。

第二，设计模型的评价准则。一般情况下，模型的评定准则可以采用目标函数的方式来实施，这是评估模型效果的主要方式。

第三，问题抽象。科技型中小企业开放式融资模式是复杂系统，具有明显的层次性，仿真中的层次设置得过高或过低都会影响到模型的效率。在此基础上，对模型进行抽象化描述。

第四，表达模型。构建仿真模型需要确立主体的交互规则，所以建立模型就是非常重要的一步，这是抽象规则的重要基础。

①　Troisi, A., Won, V., Ratner, M. A. An Agent – Based Approach for Modeling Molecular Self – Organization [J]. Proceedings of the National Academy of Sciences, 2005, 102（2）: 255 – 260.

②　Midgley, D., Marks, R., Kunchamwat, D. Building and Assurance of Agent – Based Models: An Example and Challenge to the Fields [J]. Journal of Business Research, 2007, 60（8）: 884 – 893.

第五，设计算法。通过程序语言实现科技型中小企业开放式融资模式演化。

第六，模型测试与优化。

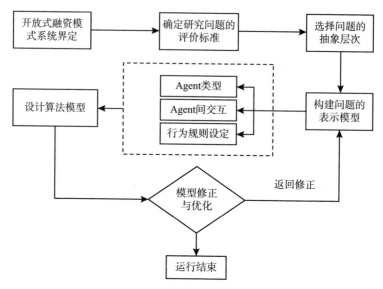

图6-1 科技型中小企业开放式融资模式仿真步骤

6.2 科技型中小企业开放式融资模式建模过程

影响科技型中小企业的因素多而繁杂，这些多元化的因素导致它们具有多样化的成长特征，如成长的阶段性比较明显。科技型中小企业的不同发展阶段面临不同的问题，影响因素也各不相同。互联网时代，科技型中小企业开放式融资模式具有更开放、更包容、更多元的资金融通方式，参与的原则是自愿的。接下来，课题将着重描述科技型中小企业开放式融资模式的建模过程。

6.2.1 仿真建模说明

科技型中小企业开放式融资模式问题的描述可以从如下维度展开说明：一

是平台方为资金供需双方提供了信息披露和展示的空间，融资方可以在平台上展示需要融资项目的相关信息，以及企业自身的情况，在一定程度上可以有效地缓解资金供求双方的信息不对称问题；二是平台方为资金供求双方之间建立的是一种可以实现多种交互的关系平台，如一对多、多对多、一对一、多对一等，这种方式既可以让融资方将融资单元进行更小的切割，以更好地匹配分散的小额闲置资金。同时，也使拥有小额闲置资源的供给方可以分散风险。这种方式使得资金供需双方之间形成了一种高效的互动关系，既能够分散投资聚焦造成的风险集中问题，又可以利用更大范围内的闲置资金，分散或降低投资者的风险。

对于科技型中小企业来说，它有自身的特点和优势，但同样也存在着先天性的不足。对于这一情况，就需要对症下药，针对性地解决发展中的资金融通问题。例如，在科技型中小企业的发展初期，由于经营时间短、信用信息不健全、缺乏必要的抵押等问题，可以通过网络融资平台来获取外部发展资金。在开放式网络融资平台上，企业是由第三方验证的机构，具有较高的可信性，企业利用这一平台可以发布关于自身的经营、融资用途以及归还的措施等信息，这种大范围的信息披露，可以使更多的人了解企业，能够引起对融资项目感兴趣的群体的关注，在满足企业发展的资金融通需求的同时，资金提供方可以获得可观的高风险回报。实际上，对于参与开放式融资平台的各主体来说，如何便捷高效地获取融资企业的相关信息，也是其通过平台进行投资的重要判断依据。

根据上述对科技型中小企业开放式融资模式建模的说明，进一步明确了建模过程中的参与主体，主要包括科技型中小企业、商业银行等传统金融机构、个人投资者、担保企业、监管机构等形式。根据多主体建模的基本方法，每一类型的主体都有独立的属性特征，并遵循一定的行动规则，这些描述其行为的属性和相应的行动规则，形成了交互作用关系，这种交互关系可以通过网络拓扑方式呈现出来。

因此，基于演化博弈模型的科技型中小企业开放式融资模式的建模，可以简要地概括为如下内容：首先，在充分考虑融资风险因素的情形下，模拟过程中可以根据参与主体的选择策略，确定在其可观察范围内的竞争主体；其次，要明确不同类型参与主体的策略集，根据主体所选定的策略及其他竞争主体的策略，构建形成不同策略空间下的收益函数关系；最后，通过对各主体的复制动态方程的分析，探寻主体博弈的演化稳定均衡。在模拟的过程中，科技型中小企业能否获得资金支持，以及融资后的科技型中小企业是否按期归还贷款，都可能对新一轮博弈过程中的策略产生明显的影响。在这样的情形下，由于参与主体所具有的记忆和学习能力，它们会根据前一轮博弈过程中群体的收益情况进行比较学习。在新一轮的群体博弈过程中，它们会选择跟随群体内收益最高的策略。当模拟过程中开始考虑政府监管等主体的影响时，即对于群体中违约等行为给以惩罚的时候，将会在很大程度上增加科技型中小企业的违约成本，从而减少采取违约行为的收益，这将会约束科技型中小企业的行为，最终达到演化均衡。

6.2.2　主体属性分析

分析各类主体的属性是主体建模的重要基础，这是影响主体之间交互作用的关键环节。基于此，课题将分别对科技型中小企业开放式融资模式涉及的主体类的重要属性进行简要的概述说明。

1. 资金需求主体类

资金需求主体即融资方，本模型指的资金需求主体类是科技型中小企业。具体来说，科技型中小企业期望通过外部渠道获得发展资金。首先，其要确定融资规模、融资条件、还款要求等，通过外部融通资金使得科技型中小企业的产品研发、生产、经营等活动得以顺利展开。其次，科技型中小企业通过开放式融资平台可以获得比原先的传统渠道更容易且来源多样化的资金，在一定程度上推动了企业的健康成长，获得更高的风险收益。从实践和以往的研究可知，为科技型中小企业提供融资的风险性相对较高，这种风险不仅是来自项目或产品的不确定性诱发的风险，还可能是自身规模约束产生的风险。由此来看，科技型中小企业这类主体表现出的属性特征包括风险高、不确定性、高失败率等。基于此，科技型中小企业主体类的属性设定为：初始资金规模、投融资成本、投融资回报率、创新概率、产品收益率等。如果科技型中小企业成功获得外部资金，其按时规划贷款可以获得的收益为 $\lambda_i[D(\tau_i - R(t)) + C_i] - BD$；如果科技型中小企业没有按期规划外部的融资资金，其获得的收益为 $\lambda_i[D(1 + \tau_i) + C_i] - BD$。假如科技型中小企业借款成功后不归还借款的收益高于归还借款的收益，对于有限理性的科技型中小企业主体类而言，改变其采纳的策略为不归还贷款的比率将会大幅度提升，从而难以达成演化稳定均衡。因此，需要引入监管方，以提高科技型中小企业不归还贷款的违约成本，从而使得演化进入均衡状态。

2. 政策性资金供给类主体

政策性资金供给类主体即由政府机构提供的各种政策性资金。科技型中小企业的融资约束与其自身的特征是有密切联系的，如规模小、无抵押等，这些不足使其被阻挡在传统金融机构的门槛外。所以在这样的情形下，政府提供资金支持科技型中小企业发展，不仅有助于激发科技型中小企业的主动性，也有助于为其他资金供给方提供动力。政策性资金供给方的参与，一定程度上可以起到公信力的作用，往往为那些专业水准不高，又有闲置资金的群体起到方向引领的作用。例如，政府机构可以用社会公信力引导外部资金参与，从而放大可以为企业提供信贷资金的规模①，可以更好地支持更多的科技型中小企业发展，一定程度上缓解科技型中小企业的融资困境。另外，政策性资金也可以成为参与开放式融资平台的受益者。具体来说，政策性资金投向符合国家产业政策和长远目标的领域，对积极主动地优化我国产业结构，实现结构的整体性升级有重要作用。在此基础上，开放式融资平台的发展也为科技型中小企业的做强、做大提供了重要的基础环境。

3. 资金供给主体类

资金供给主体类即在开放式融资平台上提供资金的参与方，这类参与方一般包括个体投资者、机构投资者，参与方是多元化的。科技型中小企业开放式融资模式中，来源不同和地域分散的资金供给主体通过多样化的方式，可以为

---

① 金学军，陈杭生. 从桥隧模式到路衢模式［M］. 杭州：浙江大学出版社，2009.

科技型中小企业融资带来更高的便捷性，同时也使科技型中小企业有更多的机会获得低成本的资金来源。具体来说，科技型中小企业在不同的发展阶段对资金的需求特点不同，科技型中小企业开放式融资模式的灵活性可使企业根据资金使用计划获得相应的资金。资金供给主体类不仅是科技型中小企业获得资金的主要来源，还是科技型中小企业经营的外部监督者。资金供给主体类向外部提供资金的主要目的是在一定风险承受条件下获得资本回报。从这一角度来说，科技型中小企业能否如期归还贷款，一定程度上会影响资金供给主体类这一群体的策略选择。此外，科技型中小企业利用开放式融资平台获得外部资金支持，使得企业自身的经营活动有序开展。对于资金供给主体类而言，通过向资金需求方提供资金融通，获得相应的风险回报，是科技型中小企业开放式融资模式良性运转的条件，会对整个演化均衡的实现产生重要影响。

4. 中介组织主体类

相比于传统的融资方式，开放式融资已经大大降低了中介化程度，但在其发展的过程中，尤其是在早期阶段和信用体系建设不健全的情况下，还是需要部分中介组织的积极参与。一般来说，中介组织主要涉及担保机构、评级机构等组织机构。从一定程度上来说，中介服务组织是开放式融资平台有效运行的重要参与方。与此同时，中介服务组织通过参与到开放式融资体系中，提供专业中介服务，也是重要的受益者。它们是专业机构，所扮演的角色各不相同。具体来说，中介服务组织是科技型中小企业开放式融资模式风险的主要化解者，也是信息传递的主要参与者，有利于化解参与方的信息不对称带来的风险。例如，担保机构的参与实际上起到了风险分散和分担的作用。此外，中介组织还搭建了资金供求双方的信息桥梁，在更大程度上降低了信息不对称。

5. 外部环境主体类

科技型中小企业作为生命体，它的成长及与之相关的资金融通活动都离不开外部环境，外部环境对科技型中小企业的生存发展产生了十分重要的影响。相关文献研究结果显示，系统环境通常按照内、外进行划分，即内部环境和外部环境。外部环境通常指那些能够对科技型中小企业产生影响，又不受科技型中小企业控制的外在影响因素，如政策环境、经济环境、技术环境等。与外部环境不同，内部环境是科技型中小企业内部的具体要素，如对科技型中小企业产生影响的技术水平、产品先进性、市场稳定性等因素。不论是外部环境，还是内部环境，它们的共同特性主要表现为多样性、复杂性、动态性等。课题选择科技型中小企业为研究对象，主要是解决其成长过程中的融资难的问题。在利用多主体建模与仿真方法对开放式融资系统模拟的过程中，主要遵循的模拟原则为简明扼要，所以分析外部环境因素在演化模型中的作用时，主要是考虑了金融环境的变化。金融环境的动态变化所产生的影响，可以通过科技型中小企业资金融通行为表现出来。而市场竞争环境动态变化产生的影响，可以根据需求的改变表现出来。

6.2.3 建模规则构成

前述对开放式融资系统中的主体进行了界定，并对主体的属性作了简要的说明。根据多主体建模与仿真的步骤，接下来重点对各类主体的交互规则加以说明。实际上，现实的复杂性对模型提出了非常高的要求，并且企业这类组织的影响因素颇多，所以模型不可能把所有的因素都呈现出来。由此，在建模的时候主要是抽象了关键的影响因素交互作用的规则。

1. 资金需求主体

根据前面对科技型中小企业开放式融资模式的理论论述，该模式旨在构建一个由多方参与的资源共享、风险共担的交互式生态构架。通过开放式融资平台，科技型中小企业可以从分散在云端的各种资源中寻求外部资金支持，用于企业创新或经营，推动企业自身的可持续成长。在这一体系中，参与方是多元化的，不同参与方之间通过交互形成了多样化的联系，这些联系既可能是竞争，也可能是合作，这个过程也是多方参与、共同博弈的过程。科技型中小企业作为资金的主要需求方，可以利用平台方向参与到平台中的各类主体发布融资需求信息，而相关的参与方可以通过平台方提供的信息对是否进行投资做出判断。在此基础上，建模过程中涉及主体都是根据设定的风险收益函数来选择相应的策略，并对策略的选择进行排序。

根据前面的分析，科技型中小企业拥有学习能力，这使得科技型中小企业 t 期的选择会影响 $t+1$ 期的策略选择。由于模仿机制的作用，科技型中小企业会对 t 期使用的策略进行收益的对比，这种机制使得科技型中小企业可能根据一定的概率水平 $p(t)$ 改变下一期的策略选择行为。科技型中小企业的选择行为可以通过公式（6-1）和公式（6-2）的复制动态均衡方程进行判断，根据对群体中各主体的策略选择带来收益的比较，确定对自己更有利的策略。

$$\overset{*}{P} = P_1(f_1^G - \bar{f^G}) = P_1(1-P_1)Q_1\lambda_i[D(1+R(t))-G] \qquad (6-1)$$

$$\overset{*}{P} = P_1(f_1^G - \bar{f^G}) = P_1(1-P_1)\lambda_i[D(1+R(t))-G-2V_1H] \qquad (6-2)$$

2. 资金供给主体

前述对科技型中小企业开放式融资模式的理论分析表明，该体系中的资金提供方也是多元化，既可能是机构，也可能是个体。这些不同类型的个体尽管存在一定的异质性，但是彼此之间也会有相互的影响或联系。对于资金提供者来说，它们会根据从平台方获取的有关融资方的信息，对融资企业的融资规模、经营情况、风险水平等方面进行评估，据此，基于已有的风险收益函数，确定自身是否投入资金并确定资金投入的程度。在这一决策过程中，可能会有多种因素的影响，例如，如果在提供资金的参与主体中，有政府相关资金的介入，一定程度上会增强其他参与者的信心，这属于政府公信力的背书。反之，如果没有类似的机构参与，其他投资者的投资策略也可能倾向于保守。模拟过程中，资金供给主体主要是依据收益方程来选择可以使用的策略。具体的判别标准是使用在某一状态下选择某策略产生的回报与该主体类的平均回报比较大小。

3. 中介类主体的变化规则

在科技型中小企业开放式融资模式中，中介类主体是实现演化稳定均衡的重要组成部分。在资金融通的过程中，由于科技型中小企业与外部投资者之间的信息不对称性，一定程度上会影响到外部投资者的投资积极性。在这样的情形下，通过引入中介类主体，如担保机构、评级机构等，可以使科技型中小企业的融资信息更加通畅，减少信息不对称产生的负效应。与此同时，中介类主体在一定程度上还起到了风险分散和风险分担的作用，这种作用使得外部投资者因为信息不确定产生的风险降低，从而有助于激发外部投资者对科技型中小企业的投资积极性和主动性。

4. 环境主体的规则

根据对科技型中小企业开放式融资模式与外部环境关系的描述，结合本书的研究焦点，只选择了与科技型中小企业融资行为关联度高的市场竞争环境和金融生态环境两类环境因子。分别揭示两类环境因子在科技型中小企业融资过程中的作用。其中，市场竞争环境对科技型中小企业的影响包括科技型中小企业主体类内部关系、资金供给主体类内部关系、中介主体类内部关系，以及各类不同主体交互作用诱发的市场需求变动等。金融生态环境对科技型中小企业的影响不仅涉及该类主体内部行为的变动，也会影响主体类之间的行为，其主要的影响方式是金融政策实施。

（1）市场竞争环境的变化规则。在仿真模型的初始态，市场需求具有独立性，遵循随机分布规律。按照常见的正态分布规律，在系统演进的过程中，外部的竞争环境处于不断的变化过程之中，市场需求规模也会相应地发生变动。初始阶段，分别按照随机分布规律设定不同市场的需求水平。如果在某个市场有资金供给主体，则相应的市场容量会有一个变动；如果随机生成的市场中没有资金供给主体，相应区域的融资需求不能被满足，一旦存在这种情况，未被满足的融资需求会发生迁移，寻找新的市场空间，但同时会对其他市场空间产生影响。

（2）金融生态环境变化。金融生态环境是影响科技型中小企业融资行为的重要外在环境因素，这种作用主要是通过影响资金供给方的行为而产生。参照其他学者与融资相关的研究结论中，关于评价资金供给主体的判别标准，选择广义加权海明距离。以广义加权海明距离的权重水平的设定或调整，作为对金融生态环境动态性的体现。例如，如果权重动态变化明显，说明金融生态环境动态性强；如果权重动态变化不明显，则表示金融生态环境较为稳定。

5. 主体生成与淘汰规则

科技型中小企业开放式融资模式的模拟过程中，如果某类参与主体的实力变得足够强大时，系统设置随机生成新的主体；如果某类参与主体不能适应竞争的外部环境，达到设定的临界阈值，将会被淘汰。此外，任何主体的生存都是需要一定的条件，如果参与主体不能达到这一要求，也会被淘汰。

6.3 科技型中小企业开放式融资模式仿真结果

根据 Repast S 软件的使用特性，在模拟开始之前分别对涉及的参数进行初始化设置，详细的设置结果见表 6 – 2。

表 6 – 2   模型的初始参数设定

序号	参数	数值
1	初始科技型中小企业个体数量	1000
2	资金供给主体初始规模	100
3	初始融资额度	服从（50，500）的均匀分布
4	投资回报水平	服从（0.1，0.8）的均匀分布
5	初始银行利率	服从（0.05，0.15）的均匀分布
6	贷款成本水平	服从（0.05，0.15）的均匀分布
7	抵押品价值	服从（0.25，0.75）的均匀分布
8	监管成本	服从（0.05，0.25）的均匀分布
9	奖惩比例	服从（0.05，0.25）的均匀分布
10	担保费率	服从（0.3，0.5）的均匀分布
11	代偿损失率	服从（0.05，0.25）的均匀分布
12	政策性资金扶持力度	服从（0.05，0.20）的均匀分布
13	迭代次数	200

6.3.1 结果描述

基于前述构建的演化博弈模型，运用 Repast S 工具构建科技型中小企业开放式融资模式的仿真模型，并根据仿真结果进行分析说明。

1. 模型Ⅰ的模拟结果

在设置模型Ⅰ的仿真模型时，设定的场景为科技型中小企业通过外部融资来满足企业创新的需求。在这一情形下，分别揭示了不同风险水平的科技型中小企业与资金供给主体的策略选择和行为变化。在模拟之前，首先对仿真模型使用的参数进行初始化设置，使用 Repast S 软件进行过程模拟，完成 200 次的模拟之后，仿真程序自动停止。导出模拟产生的数据集，并进一步利用 Excel 工具绘制关系图，如图 6-2 和图 6-3 所示。从绘制的图形中可以看出，当科技型中小企业创新成功率不同时，科技型中小企业、资金供给主体的整体波动规律基本保持一致。在模拟的过程中，选择合作策略对参与主体来说是更优策略。一定程度上来说，科技型创新成功率水平的高低会影响参与主体的回报大小。

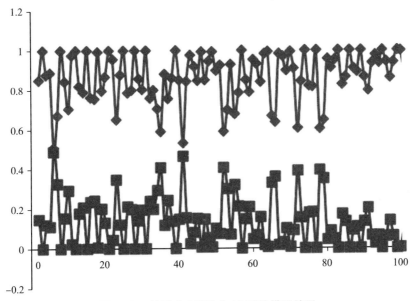

图 6-2　创新成功率为 0.15 时的模拟结果

图 6-2 和图 6-3 中使用 "■" 表示科技型中小企业选择了不合作，即到期不归还借款的比例；"◆" 表示科技型中小企业选择合作策略，即到期归还借款的比例。从仿真的数值模拟结果来看，如果科技型中小企业创新成功率处于较低水平时，可以看出，选择不合作行为的科技型中小企业群体的波动率较

高。但是随着科技型中小企业创新成功率逐渐提高，选择不合作策略的科技型中小企业数量呈现下降态势，并且趋于演化均衡。由于科技型中小企业主体具有模仿能力，它们会根据使用策略的回报比较来确定后续博弈中的策略选择，以获得更高的回报。

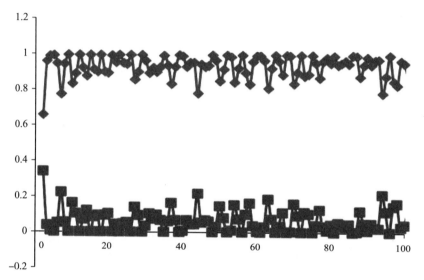

图 6 - 3　创新成功率为 0.55 时的模拟结果

2. 模型 Ⅱ 的模拟结果

模型 Ⅱ 中引入了第三方监管，绘制仿真图形时使用"■"表示科技型中小企业选择不合作策略的占比，"◆"表示科技型中小企业选择合作策略的占比。分别考虑在监管成本和奖惩水平取值不同时，科技型中小企业开放式融资模式中参与主体的变化情况。如图 6 - 4 和图 6 - 5 所示，由于监管成本、奖惩水平的差异，参与主体选择不同策略时的回报水平呈现明显的波动趋势。该结果也说明，科技型中小企业开放式融资受到监管的重要影响。具体来看，随着监管成本和奖惩水平的变化，回报水平呈现出了先降后升的基本趋势。其中，开始阶段引入监管方，可以看出，选择不合作策略的科技型中小企业占比明显要高于选择合作的企业的占比。但是随着模拟过程的延续，那些选择合作的科技型中小企业占比开始逐渐增多，随着监管力度的提升，这一趋势得以延续。

但也由此看出，当模拟时钟停止的时候，模型依然没有进入演化均衡状态。根据这一仿真结果，科技型中小企业开放式融资模式最终能否达到演化均衡的收敛状态，有必要引入相应的监管机制。

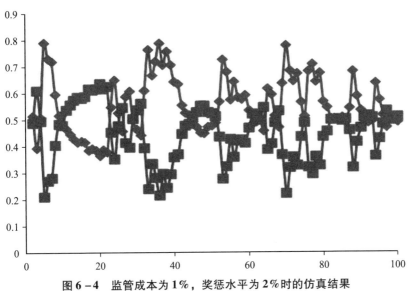

图 6-4　监管成本为 1%，奖惩水平为 2%时的仿真结果

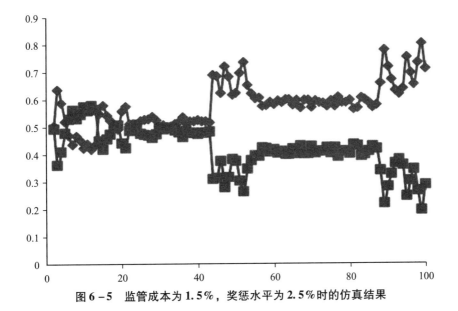

图 6-5　监管成本为 1.5%，奖惩水平为 2.5%时的仿真结果

3. 加入其他主体类的模拟结果

在模型Ⅰ和模型Ⅱ的模拟基础上，进一步加入其他主体类，以探讨科技型中小企业演化稳定均衡，新加入的主体类包含政府以及担保、评级机构等。在仿真程序开始运行之前，首先对科技型中小企业开放式融资模式的仿真参数进行初始化设置，然后运行仿真程序。根据输出的数据结果，绘制了仿真图，如图6-6和图6-7所示。其中，使用"■"符号表示科技型中小企业选择了不合作策略的占比；以"◆"符号表示选择了合作策略的科技型中小企业数量占比。从仿真图形的趋势来看，科技型中小企业开放式融资模式中，增加政府以及担保、评级机构等组织的监管责任之后，模型达到收敛的速度明显加快。这一模拟结果说明，加大参与主体的力度，即改变参数值，对增强科技型中小企业的合作意愿有较高的促进效应。同时，这也有助于激发银行等资金供给类主体的主动性。

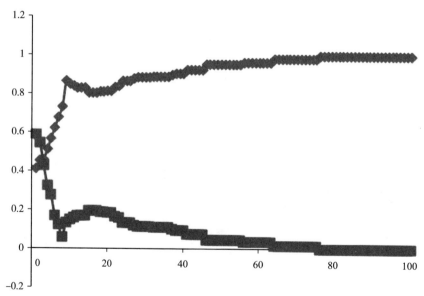

图6-6 科技型中小企业开放式融资模式中企业策略选择动态

图6-7所示的仿真结果表明，加大政府政策性资金供给的力度，起到了非常好的拉动作用，有效地撬动了其他资金供给主体的资金供给意愿。在这种

情况下，选择合作策略的科技型中小企业占比也明显增多。由此可见，在解决科技型中小企业融资困境的过程中，需要充分发挥政府导向和引领作用，这也是科技型中小企业开放式融资模式稳定运行的关键环节。

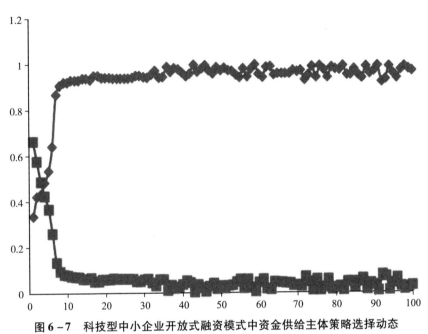

图 6 - 7　科技型中小企业开放式融资模式中资金供给主体策略选择动态

6.3.2　结果分析

在前述仿真模拟的基础上，对其结果进行如下总结。

（1）科技型中小企业开放式融资模式是由各种具有不同属性特征的主体类组成的，这些主体类之间的交互作用是推动模型演化的重要基础。任何主体类的变动，都可能对科技型中小企业群体等各类主体的策略选择产生影响，从而影响到整个系统的均衡。

（2）科技型中小企业开放式融资模式的主体类具备记忆、学习、模仿等机能，它们会对选择的策略进行对比，并能根据比较结果确定在次轮博弈中的策略。这也就是说，它们会将使用某一策略产生的回报与其他主体的策略选择带来的回报进行比较，从而根据比对结果选择能够带来更多回报的策略。

（3）科技型中小企业的成功率对参与主体的策略选择是有显著影响的，从模拟的结果来看，科技型中小企业的成功率越高，外部投资者预期投资带来的回报率越高，这将使资金供给方的投资意愿增强。同时，科技型中小企业选择合作策略回报越高，越有助于科技型中小企业开放式融资模式的发展。

（4）政府以及担保、评级等机构在科技型中小企业开放式融资模式的演化过程中具有十分重要的作用，有助于演化博弈方程更好地收敛，从而达到均衡状态。这在一定程度上也说明，科技型中小企业融资问题的解决不仅仅是要拓宽融资渠道，必要的监管也是非常必要的。

第7章

开放式融资模式实施对策研究

科技型中小企业"融资难、融资贵"问题的关键是信息问题，要想解决这类问题，就得使各投资方能够有效掌握科技型中小企业经营及信用等方面的信息。采用科技型中小企业开放式融资模式可以大大减少这类问题。相对传统模式，网络环境下的开放式融资模式亟须强有力的政策支持，应强化政策的作用，以激励并规范各方参与。

7.1 强化政府对金融服务的激励和引导

要重视政府的引导和推进作用①，加强政府对于金融服务体系的指导，在此基础上形成科技与金融的合作纽带，这是解决科技中小企业融资问题，从而促进科学技术发展，加快科学技术成果转化的重要举措。实施由本国自主的创新战略，对于推动科学技术创新、完善金融服务体系有着重要意义②。对此，我们提出以下几种建议，以完善政府对金融服务的激励和指导政策。

---

① 张振鹏. 文化创意＋农业融合发展［M］. 北京：知识产权出版社，2019.
② 安同信，刘祥霞. 破解中国科技型中小企业融资难问题的路径研究——基于日本经验的借鉴［J］. 理论导刊，2015（10）：52－61.

7.1.1 加大对互联网金融发展的支持和规范力度

互联网融资作为直接融资和间接融资之外的"第三种融资模式",具有灵活性强、效率高、门槛低等方面的优势。与传统的直接和间接融资相比,它更适合以技术为基础的科技型中小企业,已成为其不可忽视的重要融资渠道①。互联网金融的发展和应用,既有市场需求,也需要政府的监管和推动,需要不断创新、健康发展。虽然近几年我国互联网金融一直在发展,但由于监管制度不健全、信用体系不完善,其背后同时潜藏着较高的风险。因此,一方面政府应加大对互联网金融发展的支持和指导力度,另一方面还要加强监管,规范行业发展。

(1)增加财政资金支持,引导专门服务于科技型中小企业的互联网金融服务平台的发展。对于符合条件的互联网金融平台,应予以专项资金支持或税收优惠政策,引导行业发展方向,鼓励互联网金融企业积极为科技型中小企业提供专业金融服务。也可培育一批信誉度高、相对成熟的互联网金融平台,作为政府对科技型中小企业提供财政资金支持的专门渠道。

(2)完善社会信用体系,提供互联网金融配套服务。由于我国社会信用体系建设起步较晚,不完善的社会信用机制是我国互联网金融发展的一大障碍②③。因此,要推动互联网金融的发展,首先必须完善社会信用体系,为国家层面的互联网金融企业提供信用担保,允许符合条件的互联网金融企业介入中央银行征信平台,并在此基础上建立信用信息交换机制,以实现不同部门、不同区域间的企业信用信息共享和实时更新,提高信用信息的利用效率。同时,开展互联网金融企业信用评级工作,提高行业信息透明度。此外,还应支持会计、法律、咨询等社会中介服务机构,为互联网金融企业提供专业中介服务,建立健全互联网金融发展的综合服务体系。

---

① 刘澜飚,沈鑫,郭步超. 互联网金融发展及其对传统金融模式的影响探讨 [J]. 经济学动态,2013 (8):73-83.

② 陈秀梅. 论我国互联网金融市场信用风险管理体系的构建 [J]. 宏观经济研究,2014 (10):122-126.

③ 吴悠悠. 我国互联网金融:问题、前景和建议 [J]. 管理世界,2015 (4):170-171.

（3）鼓励传统金融企业网络化运营。在政策层面，政府应引导和鼓励传统金融企业依靠互联网技术实现转型升级，以科技型中小企业为基础，创建互联网金融业务，创新互联网金融产品。同时，加强传统金融企业与互联网企业的合作，拓宽传统金融机构的金融产品的销售渠道，增强互联网金融企业抵御风险、创新商业模式、实现优势互补的能力。

（4）开展科技型中小企业互联网金融知识教育，培养科技型中小企业多元化融资意识。由于融资知识匮乏，许多科技型中小企业对互联网融资等新兴融资渠道知之甚少，认为互联网融资风险较高，不敢轻易尝试，相比之下，科技型中小企业更依赖于传统的银行贷款、民间借贷和其他融资方式①。在此方面，政府应该充分发挥宣传和指导作用，利用互联网、电视、报刊等媒体渠道，普及互联网金融知识，为科技型中小企业开展互联网融资相关技能培训。只有使中小企业全面了解互联网金融，才能充分发挥互联网融资的作用，扩大科技型中小企业资金来源渠道，满足其资金需求，调动科技型中小企业采用新兴融资方式的积极性。

（5）加强监管，规范互联网金融市场秩序。针对目前监管主体缺位、专门化法律法规缺失的问题，应从确立监管部门、落实监管责任，完善相关法律法规的角度对互联网金融行业加强监管力度，明确行业标准、业务边界，提高准入门槛，建立淘汰机制，防范市场风险，营造为科技型中小企业提供专业化金融服务的良好行业环境。

7.1.2　搭建政府主导型科技金融服务平台

科技金融是科技资源，金融资源，科技产业和金融业的有机结合。在借鉴国际经验的基础上，我国先后产生了技术创新专项基金、科技银行、知识产权质押贷款、技术保障、科技保险、高新区债券等科技金融形式，但这些片段化的科技金融工具，无法从根本上解决其融资难的问题②。发展科技金融，很大

---

① 王洪生，张玉明．科技型中小企业云融资模式研究——基于云创新视角 [J]．科技管理研究，2014，34，311（13）：76 - 81.

② 李毅光，毛道维，倪文新．政府主导型科技金融服务平台运行模式研究 [J]．经济体制改革，2016（2）：197 - 200.

程度上需要完善政府部门与金融机构、社会中介服务机构相互合作的科技金融综合性服务体系，在政府主导下整合各方资源，搭建包括投融资、征信、金融配套服务等一系列子平台在内的，为科技金融综合服务的综合金融平台。

（1）建设科技投融资子平台。政府应该统筹调度统一配置资源，一方面利用科技投融资平台收集科技型中小企业项目融资需求信息，另一方面统一协调银行、信托、保险、创投、担保等金融机构的准入，并整合金融机构的资源。这一举措将会为科技型中小企业提供方便快捷的融资机会。它还会通过规模效益大大减少科技金融的运行成本，实现科技金融供给者和科技金融需求者双赢的目标，提高科技与金融结合的效率，促进科技与金融合作的良性循环①。

（2）建设科技型中小企业征信子平台。投融资平台运营的前提和基础是征信平台的建设。建设科技型中小企业征信子平台，不仅要关注科技型中小企业的基本信息、历史融资记录、违约失信记录等基本信用信息，还要具备信用评级能力，建立科学的信用评级标准和评级程序，向资金供给方提供可靠客观的企业信用等级参考。

要保障科技型中小企业征信子平台实现其应有的功能目标，满足各参与主体的决策支持需求，必须制定一套完善的保障体系。首先，应该有一整套完善的法律法规体系保障平台的运行。当前我国关于企业征信方面的法律法规尚不健全，要想实现科技型中小企业征信子平台的有序运行，必须按照平台运行流程的各个环节制定相应的法律法规加以规范，比如规定负责平台运行及维护的各部门的详细责任，规定科技型中小企业提交自身信用数据的标准及规范，规定银行等机构的介入资格以及提取企业信用数据的程序，针对企业的信息安全提供法律保护，等等。其次，足够的人才、技术和资金支持贯穿科技型中小企业征信子平台及数据库建设初期、平台运行以及平台安全维护等各个环节。对于科技型中小企业的征信子平台以及数据库的建设来说，其本身就是一项庞大的技术工作，大量资金的投入和掌握专门技术的人才在征信子平台及数据库的初期建设阶段尤为重要。最后，在互联网金融蓬勃发展的时代，科技型中小企业融资征信数据库涉及大规模的企业信用信息。传统的数据处理手段不能在有

---

① 杨智慧，肖志源.科技金融服务信息合作平台构建及运行研究［J］.科学管理研究，2016（2）：90－94.

限的时间内高效提取、分析整理并向信息需求者提供所需要的资讯。在这种情况下必须借助于先进的数据处理技术，通过"加工"实现数据的"增值"。此外，一般而言，科技型中小企业融资信用数据库以及征信子平台所包含的信息通常非常敏感，因而很容易涉及企业的保密信息和商业机密，一旦这些信息被泄露，将会给企业造成不可估量的损失。因此，有必要让专门的人员采用先进技术来维护科技型中小企业融资征信数据库的安全，同时应该使技术人员之间相互制约和监督，防范数据库风险等。

（3）建立科技型中小企业金融配套服务子平台。一方面，积极推动会计、法律、担保、咨询等专业化社会中介服务机构入驻平台，并为其提供专业化中介服务；另一方面，结合其特点和需求，定期组织专家讲座、金融知识培训、企业家交流会、项目推介会、金融产品展示会等活动，拓宽科技型中小企业的知识和信息来源渠道。与投融资平台相辅相成，形成全方位、一条龙、个性化的金融及配套服务网络平台体系。

7.1.3　创新财政支持方式

目前，政府对于科技金融财政支持的方式主要采取直接财政补贴、税收减免优惠等直接支持方式。然而，我国科技型中小企业数量庞大，不同企业间资金需求的特点也各不相同，政府能提供的直接财政支持资金有限，不可能惠及每一家企业，对解决其融资难问题的作用力度有限①。因此，政府应创新财政支持方式，实现由直接补助为主向间接扶持为主的转变，更多地发挥财政资金对社会资金流向的引导作用，并在此基础上引导建立和完善多层次的金融服务体系。

（1）为科技型中小企业提供金融服务的中小金融机构提供更多的资金支持。目前，在我国金融体系中，国有银行等大型金融机构占据主导地位，而大型金融机构往往更倾向于为实力雄厚、风险较低的大型企业提供资金支持。相比之下，我国中小型金融机构的相对缺失和金融服务体系层次的单一局面加剧了科技型中小企业融资难的问题。在这种条件下，政府可以发挥财政资金的引

---

① 吴翌琳. 北京科技金融服务体系的动态匹配机制［J］. 中国科技论坛，2016（5）：116 – 122.

导作用，为中小金融机构制定绩效考核和奖励机制，向为科技型中小企业提供了投资或贷款支持的中小金融机构发放业绩奖励和补助，支持、鼓励和培育专门服务于科技型中小企业的中小金融机构，充分发挥金融机构的杠杆作用，提高财政资金的利用效率，放大财政支持的效果，扩大支持范围。

（2）利用财政资金设立投资引导基金，按照市场化原则，以参股、共同投资、提供贷款和担保等方式进行运作，中小型金融机构在运作过程中可间接参与被支持企业的经营决策，主动承担更多的投资风险并在利益分配环节对社会资本让出部分利益，从而引导社会资金投资设立创业投资子基金，调动社会资本的积极性。

7.2 转变传统金融机构管理和创新理念

传统金融机构是科技型中小企业开放式融资平台构建的重要组成部分，转变传统金融机构的创新理念可以使得开放式融资平台得到更好的发展。传统金融机构形式多样，大体包括银行、保险、信托及证券等。这些传统金融机构在不断的发展过程中，逐渐形成了各自独特的业务模式。互联网出现后，对传统金融机构的运营模式、管理模式、盈利模式产生了极大的冲击，各传统金融机构为了应对创新、开放、融合的互联网的冲击，需积极、及时地调整业态，积极改变原有的管理及创新理念，在各个方面不断进行创新，以实现基于互联网思维和互联网信息技术的有效结合及转型，以求在高速发展的互联网时代持续、快速、健康发展。

7.2.1 传统金融机构实现经营理念和经营模式的创新

目前，传统金融机构要改进传统的金融服务流程，努力营造以客户为中心的经营理念。在互联网时代和移动互联网时代，传统的金融服务远远不能满足客户日益丰富的个性化和多样化需求①。而互联网金融的商业模式一直依赖于开放的金融平台、互动营销手段，更人性化的服务，趋于扁平化的管理模式及相对的傻瓜式的操作流程，通过互联网金融的形式满足客户大部分的金融服务需求。传统金融机构要在充分利用网络技术和智能设备的基础上，结合多年来的经营管理经验，努力改造网上的操作系统及业务流程系统，实现从客户需求出发、重塑和优化整合金融业务流程、完善金融服务、提升客户体验等一系列操作，从而真正解决互联网时代用户个性化及多样化需求。业务流程优化过程中，要以客户需求为出发点，将目标定位集中于一些急需融资的中小微企业等，特别是互联网时代繁荣的科技型中小企业，简化业务操作及审批流程，这样，利于快速响应客户需求，满足个性化的金融服务。

传统金融机构应充分利用大数据的优势，对大量的金融交易数据进行数据分析及数据挖掘，真正实现大数据金融。在互联网时代，各行各业都在充分利用大数据带来的信息福利，而传统金融机构经过多年的经营与发展，已经积累了庞大的客户群及海量丰富的客户资料，通过充分分析和利用这些宝贵的大数据信息资料，金融机构未来可以快速形成竞争优势。传统金融机构的来自各个营业网点、各个业务子系统及各移动终端的金融数据是非常庞大的，通过对这些数据的分析和挖掘，可以对客户进行金融行为、金融需求的分析，以实现金融服务个性化、快速有效科学决策。通过各个业务部分的信息充分共享和信息整合，形成数据仓库；通过综合分析客户的各种信息，形成信用评估的依据，进一步细分客户群体并针对不同的客户进行精准营销。

传统金融机构和快速发展的互联网金融机构具有广大的合作空间及领域，如在融资业务领域、支付业务领域、财务管理业务领域等都可以展开有效合作。在融资方面，传统金融机构可以与网络融资平台开展合作，因为传统金融机构往往资金比较充足，可以为网络融资平台提供充足的后备资金保障，通过探讨合理、适当的合作方式从而实现双赢。此外，在支付方面，传统金融机构可以与第三方支付或者是电商平台开展合作，共同拓展支付的业务领域。在理财方面，传统金融机构可以与第三方理财平台合作，以交易手续费的形式收取

---

① 刘澜飚、沈鑫，郭步超．互联网金融发展及其对传统金融模式的影响探讨［J］．经济学动态，2013（8）：73－83.

费用，或者传统金融机构的理财产品也可以投放到理财产品平台上进行在线销售，因为理财平台的客户流量往往也非常大，可以充分拓展其理财产品覆盖领域。

7.2.2 传统金融机构实现金融产品和服务的创新

传统金融机构需要搭建金融平台，有些传统金融机构已经开始尝试涉入网络融资和电商模式，打造全新的金融模式。为了增加金融客户的数量及黏性，开发集金融、理财、投资、购物等服务于一体的综合金融服务平台，并为客户提供个性化、多样化、便捷化的金融产品和服务。传统金融机构还可以通过大数据分析客户的金融消费习惯和信用情况，进一步挖掘客户的潜力，提供更有针对性、更为个性化的金融服务。

传统金融机构应通过覆盖各种移动终端，扩展移动终端服务，营造全新的移动金融全业务体系。可为客户设置移动终端服务，客户通过移动设备操作一系列便捷的金融业务，节省客户的时间成本，实现业务线上、线下相结合。客户可以在移动终端上查找最近的营业网点，并进行预约取号以及预约取现等操作；客户还可通过移动金融平台进行一系列费用的支付，包括医疗费用、各种税费、生活费用、公共服务费用等，从而开拓新的利润增长点。

传统金融机构应该针对不同的客户定制相应的金融产品和金融服务，这就需要借助网络平台获取客户金融产品和金融服务偏好及行为习惯等数据信息。移动终端所衍生的金融服务，往往对客户具有更大的吸引力，随着移动互联网的发展，移动的金融服务更方便且运营成本更低，可以增加客户的黏性①。同样的，对于科技型中小企业，传统金融机构可以通过分析企业的大数据信息，来评估企业的真实信用状况，打造适合科技型中小企业的开放式融资平台，针对这类企业提供有针对性的融资服务，可以实现双赢。

---

① 徐二明，谢广营. 传统金融到互联网金融的制度变迁：相对价格与路径依赖［J］. 经济与管理研究，2016，37（3）：38 - 45.

7.2.3　传统金融机构实现风险管理机制的创新

科技型中小企业在融资过程中，最难把握的一点就是确定和衡量其信用风险及信用评级。传统金融机构应该在互联网金融背景下，凭借自身拥有的海量金融交易数据进行数据分析和挖掘，实现基于互联网的风险定价，这样利于实现线上和线下的风险评估相互补充、相互印证的风险评估模式。也可以尝试传统金融机构对网络融资平台进行集合授信，二者共同实现对企业和个人客户的综合评级。

当前正处于互联网时代，数据信息安全问题尤其值得关注，客户信息的保密性更要注意，在这种情况下，传统金融机构的监管和风险控制水平尤为重要。要建立健全传统金融机构的电子银行的风险监测机制，形成以大数据分析为基础的检测和数据安全保护机制。

7.2.4　传统金融机构实现管理模式的创新

传统金融机构应建立符合这个大数据时代和互联网时代的组织管理结构。传统金融机构在网络信息技术高速发展的时代，应该适应互联网思维模式，转变对传统路径的依赖，不断调整经营管理组织结构，并对各个相关机构及部门进行科学有效的考核及相应激励，打造互联网时代的新型组织经营模式。互联网思维是以产品为重心，以客户需求为出发点，具有独特的业务模式和合理的成本结构，因此要以互联网思维打造新型的业务流程模式，首先从了解客户需求开始，然后到设计个性化金融产品，最后是产品服务、客户使用反馈等。传统金融机构应重视具有互联网思维及互联网基因的企业文化的培养，要积极鼓励互联网时代创新共享的精神文化，营造数据共享、资源共享等良好的共享氛围。

金融机构要重视培养和挖掘计算机、金融、业务知识储备的复合型人才，为金融机构的转型及创新发展储备大量的互联网时代的高端人才。工作人员的知识结构组成，要具备信息计算机科学知识、经济金融知识、企业业务知识、市场营销技能等。目前金融市场缺乏的就是这类复合型人才，金融机构要对这类人才进行选拔及培训，促进跨专业的人才沟通及人才流动，打造一支复合型人才队伍，为金融机构未来的发展储备人力大军。要争取打造一支既可以编程序，同时又具备金融知识，还可以熟练掌握和运用各种互联网工具开拓金融服务的人才队伍。

7.3　推动网络化金融机构与传统金融机构的合作

在互联网时代，网络金融的便捷性、高收益性、低成本、信息对称等优势使得大量的金融业务通过互联网平台得以开展。金融业务的实施绕开了传统金融机构的一系列烦琐的业务流程。传统金融机构的支付中介、融资中介这种传统的角色地位受到了越来越大的挑战。当前我国互联网金融快速发展，传统金融机构应该顺应时代转变思维方式，积极开展与网络金融机构的各种合作，不仅可以为科技融资开启便利、有效的融资通道，使得企业客户有更好的金融服务体验，还能快速有效地缓解科技型中小企业融资难的问题。本节首先分析网络化金融机构与传统金融机构在某些方面的差异，进而提出二者的合作策略及机制。

7.3.1　网络化金融机构和传统金融机构的差异

网络化金融机构和传统金融机构同根同源，两者本质上都是在从事金融活动，都是为客户提供所需的投融资及其他金融服务，但是在某些方面有一定的差异。网络化金融机构与传统金融机构相比，在内涵精髓之间存在一些矛盾与冲突，二者服务对象不同、开展业务模式不同、规模及风控方式不同，但是归纳总结起来，网络化金融机构和传统金融机构的差异主要体现在以下三个方面。

（1）双方的管理体系存在差异。传统的金融机构为了防范和控制自身风险，在运营方面存在着许多规则，同时其绩效考核指标数量繁多。与此相比，网络化金融机构的管理氛围较为宽松，甚至可以接受短期内不盈利这种事情的发生。这种管理体制的差异使得两种不同类型的金融机构在其他方面也存在明显的不同。受到传统金融机构管理体制的限制，银行员工不能完全发挥自己的能力，以至于在技术的使用方面过于谨慎，在网络营销技术以及数据挖掘技术方面没有达到网络化金融机构的标准。在竞争模式方面，传统金融机构的产品和服务同质化现象严重，工作重心是对已有业务的运营和对客户关系进行管理。但是，网络化金融机构的重点是对金融产品和服务的设计，并在此基础上更好地满足客户个性化的需求。同时，在征得客户同意的前提下采用互联网技术获取客户的信用数据进行风险评估，便于加强对风险的控制。在抵押担保方面，传统金融机构基本上是国有企业，以国家信誉作为对存款人的担保，在发放贷款时要求有充分的抵押物和质押品。网络化金融机构在我国信用体系尚不完善的情况下，为了吸引客户而给投资人提供了担保。

（2）双方在市场监管方面存在差异。传统的金融机构不仅发展时间较长，而且是当前金融领域中的核心力量，所有的金融业务都要依赖于现有的金融体系。因此，现阶段传统金融机构的监管机制已经相当成熟，这就使得银行等传统金融机构在管理运营时不得不将这些监管细则纳入决策所要考虑的因素中，从而导致了传统金融机构推出创新产品的周期长，对市场变化的反应相对迟缓。而网络化金融机构的资产负债规模难以与传统金融机构相比，不论是信贷规模还是负债规模都相对较小，仍然处在快速发展的阶段。由于立法的滞后性，目前对网络化金融机构的监管还处在相对空白期，基本上没有相应的监管细则，这就给网络化金融机构在数据的使用和业务创新方面留下了相对自由的创新空间。

（3）双方在运营模式上存在差异。传统金融机构运营模式较为稳健，目标客户群主要是大企业与少数高净值人群，营业收入主要来源于借贷利差，营销方式主要是依靠数量庞大的银行实体网点进行销售，被动地依赖已有的营销渠道和客户关系，风险控制主要依靠现有的制度设计，主要是在贷款前进行审查，而事中控制和事后控制的成本太高，对此部分风险的控制不足。然而，网络化金融机构的运营模式多样，可采用灵活多样的手段来解决问题。其服务对象主要是低端市场，大多接受小额化和低门槛的贷款需求，以获取"长尾效应"。客户对交易具有较高的时效性需求，但需要相对较低的交易成本。在市场营销方面，网络化金融机构的销售主要是通过网络或者手机客户端等方式，以大幅降低营运成本。网络化金融机构会比较不同的互联网媒体平台，选择最能产生回应效果的平台投放其广告。在风险控制方面，网络化金融机构可以利用自身技术优势，使用大数据和云计算等方式，获取替代性数据以更全面地反映客户的风险状况。

7.3.2 网络化金融机构与传统金融机构的合作

网络金融的客户要依靠实体金融机构的支持，也要借助银行卡完成支付，两者是不可分离的，需要共同合作。合作领域包括信用信息、风险控制等方面。网络化金融机构与传统金融机构可通过在这些方面开展合作来控制风险以解决信息不对称的问题。要获取尽可能完善的用户数据，可以采用降低信息不对称的方式。传统金融机构可以利用互联网等网络手段搜集关于客户信用的各方面数据进行信用风险评估，改变原先高成本、低效率的数据收集方式，通过以上方法来缓解信息不对称所产生的道德风险、逆向选择等问题。

虽然网络化金融机构与传统金融机构之间存在一定的竞争关系，但两者存在较大的融合空间。这是因为网络化金融机构和传统金融机构各有优势，双方应当优势互补，合作共赢。网络化金融机构的优势之一在于其具有极强的创新能力。网络化金融可以利用大数据和云计算来收集客户信息并降低交易成本，以此实现后发优势，弥补传统金融机构在零售业务中出现的不足，满足小微企业和个人"短小频急"的贷款需求，为科技型中小企业提供融资新平台创造了良好的环境。传统金融机构中银行的优势体现在长期从事金融业所积累的资金、客户和经验，在风险管理方面尤为突出。可以看出，双方可以对不同的目标客户群实施不同的合作机制。传统金融机构可以吸收网络化金融机构的技术与组织经验，提高自身的服务能力与运营效率，扩大服务领域与受众群体，以便更好地应对金融市场的变化，实现转型与调整，满足科技型中小企业日益增长的投融资需求。到目前为止，网络化金融机构很难彻底替代传统金融机构。

无论从交易的规模还是从金融产品的种类来看，网络化金融机构当前对传统金融机构难以构成较大威胁。但是，因包括科技型中小企业在内的贷款企业成长而导致资金需求量增加以及大数据、云计算等网络技术的发展，更需要网络化金融机构与传统金融机构合作，借鉴传统金融机构在风险管理和客户关系管理方面积累的优势经验，以控制信息爆炸给金融活动带来的信用风险。因此，二者的融合与创新能够重新塑造全新的金融生态，为科技型中小企业提供良好的融资平台。

网络化金融机构技术的发展，一方面降低了交易成本，另一方面使传统金融机构通过并购实现规模经济具有了实践层面的可操作性。互联网技术的发展使得传统金融机构可以及时、便捷地获取关于其竞争对手的间接数据，为并购战略的实施提供精确的目标，双方在并购过程中出现的信息不对称等问题得到了极大的改善，并购过程中出现的交易成本也大大降低，从而有利于传统金融机构开展并购活动，最终实现规模经济，以更好地为更多企业服务，这就为科技型中小企业融资活动提供了便利性。此外，计算机信息技术的发展和互联网科技的普及，能够为传统金融机构开展一系列的金融创新活动以应对金融市场的变化提供了技术支持。通过网络技术，传统的金融机构可以获取科技型中小企业的风险收益概率分布，从而可以有针对性地研发出复杂金融产品，以此满足客户需求，开拓新产品市场。

网络化金融机构和传统金融机构之间的合作有以下几种实现方式。

（1）传统金融机构主动融入网络化金融机构，并借此契机同信誉资质良好的金融机构、第三方支付平台、通信运营商和有关企业等开展合作。通过与海量的各种不同类型机构开展合作，实现销售渠道的多维度与多样化，这也就拓宽了科技型中小企业的融资渠道。

（2）网络金融机构能够为传统金融机构提供信用中介平台。在此基础上，传统金融机构可以为客户群体提供线上资产管理服务，销售金融理财产品。通过对互联网的信息挖掘，明确目标客户并定制金融产品，为科技企业提供系统化投融资方案，增加其黏性。

（3）网络化金融机构可以为传统金融机构提供信贷中介平台。传统的金融机构可以通过该平台为客户提供服务，其中包括为科技型中小企业和个人提供互联网信贷服务，并在此基础上降低他们的信用风险，减少信息不对称产生的问题，提高管理能力，加强综合控制力度。

（4）网络化金融机构与传统金融机构合力打造综合服务平台，进行金融创新，这就有利于科技型中小企业方便地进行融资活动。

7.4　完善多层次资本市场

我国科技型中小企业的直接融资渠道包括两种，分别是资本市场和风险投资，但能够上市或者能够获得风险投资的科技型中小企业数目甚少，与企业的总体数量相比显得微乎其微。科技型中小企业无法在现行资本市场通过直接融资渠道改变企业资金短缺的困境，且随着互联网金融的兴起与发展，许多企业转向线上网络进行融资以降低融资成本。多层次资本市场对于科技型中小企业的融资起到了至关重要的作用。因此，完善多层次资本市场，不仅是有效实施网络融资的保障，也是缓解我国科技型中小企业融资困境的需要。

7.4.1　我国资本市场的基本框架

多层次资本市场是指为满足不同规模、性质及盈利能力的各类企业的多样化需求而形成的分层次、多形式的资本市场体系。多层次资本市场不仅包含证券交易市场，还有场外交易和柜台交易等多层次、多形式的资本交易。不同层次、不同形式的资本交易在多层次资本市场中并存并重、共同发展。而我国的"多层次"是指以上海、深圳证券交易所为代表的主板市场为主，以创业板、新三板、区域性股权市场为辅的"倒金字塔"资本市场（见图7-1）。我国资本市场主要为国家控股的大型成熟企业，这使得高新技术企业特别是科技型中小企业难以通过资本市场获得融资服务。2019年6月，科创板正式开板，为科技型中小企业上市融资提供了更多的机会和选择。

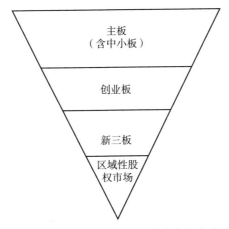

图 7 - 1　我国"倒金字塔"式资本市场分布层次

7.4.2　利用多层次资本市场推动科技型中小企业网络融资

科技型中小企业基于对自身特点和入市门槛、风险的考虑，往往会选择在服务于高成长性和高创造性企业的创业板或新三板上市融资。例如，假设科技型中小企业在新三板挂牌交易，可以迅速吸引大量投资机构和专业服务机构，使企业融资渠道更加便捷，实现了融资与股权间的流转，企业价值得到市场认可。此外，随着互联网金融的不断发展，场外交易市场（OTC）的计算机网络形式也可以缓解科技型中小企业的融资困境。计算机网络作为互联网金融的衍生融资工具，可以充分发挥场外交易市场的优势，使得科技型中小企业的证券发行不再需要经过券商、证券交易所等传统的金融机构，融资程序不再烦琐，同时降低了信息的不对称性，提高了融资效率，减少了融资成本。场外交易场所融资形式的创新途径之一是通过计算机网络为资本市场满足科技型中小企业融资需求开辟了一条新渠道，同时也为不同融资需求的科技型中小企业提供了多样化的交易平台。通过计算机网络等无形手段进一步丰富了场外交易市场，挖掘、培养有发展潜力的高成长性的科技型中小企业，进而为证券交易市场提供优质的上市资源，吸引更多的资金注入企业，为科技型中小企业的网络融资扩宽渠道。

7.4.3 完善多层次资本市场体系的措施

近年来，随着我国金融市场场外交易市场的不断发展壮大，当前首要任务是完善我国多层次的资本市场体系。我国应积极借鉴发达国家的成功经验，借鉴其建设思路，并结合自身的发展情况，最大程度展现我国资本市场体系的独特优势，推动资本市场对科技型中小企业的支持力度①。具体而言，主要通过建立与线上相匹配的线下风险评估机构，完善信用体系，健全制度保障体系，建设分层风险监管体系等措施，利用我国多层次资本市场的独特优势，缓解科技型中小企业网络融资难的问题。

1. 建立与线上相匹配的线下风险评估机构

我国缺少与线上相匹配的线下信用评估机构和担保公司，这使得投资者无法正确识别场外交易市场的投融资风险。线下信用评估机构和担保公司的缺失降低了良好的科技型中小企业上市融资的概率，并且导致我国多层次资本市场的不健全。出于对线上网络融资高风险的防范，线下建立风险评估机构是十分必要的。一方面可以减少投资者由于信息不对称所产生的投资风险，另一方面能够降低交易成本，为科技型中小企业提供更多的融资渠道；既有利于投融资者识别信用风险，又能增强科技型中小企业的信用意识；既是场外交易有序、高效进行的切实保障，又是我国发展场外交易市场的客观需要。线下风险评估机构的建立，可起到积极推动场外交易市场的健康发展和高效运作的作用，引导更大规模的社会资金流向优质的科技型中小企业，使得科技型中小企业的科技创新成果更快地实现。

2. 完善资本市场的信用体系建设

现阶段，由于我国法律不完善、制度不健全等因素，企业的失信问题尤其严重。而且，在我国资本市场中失信成本较低，惩戒力度较轻，不能够引起企

---

① 辜胜阻，庄芹芹，曹誉波. 构建服务实体经济多层次资本市场的路径选择 [J]. 管理世界，2016（4）：1-9.

业的高度重视。因此，直接融资途径受阻就是信用不足导致的直接后果，从而形成我国"倒金字塔"式资本市场分布层次。目前，我国主板市场和创业板市场的准入都实行严格的审核制。一般来说，企业的信用度相对较高，进而融资渠道更为宽广；而新三板和区域性股权市场由于入市门槛较低，且市场环境透明度不高，使得投资者不敢轻易投资，导致融资渠道大大缩减。所以，我国应规范信息公开披露的要求，加大其力度，拓宽信用披露的领域，加大对企业失信行为的惩处力度，要在现有的基础上增加其失信成本和代价，改善固有的资本市场信用体系建设，为社会公众营造良好的信用环境，为更为广泛的科技型中小企业提供高效金融服务的平台。

3. 健全资本市场的制度保障体系

现阶段，我国科技型中小企业高速发展，企业的发展成长往往提前于相关法律法规的制定。鉴于我国亟待解决的信用体系建设不完善的问题，应及时加强对失信惩戒机制和监管机制等相关法律法规的制定和修改。加快以做市商为主要运行机制的场外市场交易制度的出台，进一步明确资本市场各层次的市场地位和制度安排，在税收政策方面给予一定力度的优惠，鼓励优质科技型中小企业和投融资者进入场外交易市场，充分发挥场外交易市场的包容性制度优势，刺激场外交易，在制度层面上尽可能保障科技型中小企业有效地拓宽融资渠道。可借鉴美国资本市场的准入制度，加速改革我国企业上市审核制度，使其由审核制逐步向注册制转变，对市场准入的门槛不断降低，不断严格限制企业退市的行为，防止在注册制条件下企业随意进入股市进行融资操作。在法律上，要将上海证券交易所和深圳证券交易所的交易规则严格区分开来，通过对交易规则差别化的执行，使得它们成为不同层次的场内交易场所，为不同需求层次的企业服务。此外，我国机构投资者的投资热情尚待提高，基于这种局面，政府应消除阻碍机构投资者投资的制度缺陷，进一步保障制度的完善，营造有助于调动机构投资者积极性的制度环境。

4. 建设分层风险监管体系

由于我国地域辽阔，科技型中小企业分布不均，集中式证监会统一监管无疑会增加监管成本，导致科技型中小企业融资成本的增加和市场效率的低下，一定程度上抑制了多层次资本市场的发展①。此外，由于受监管的限制和影响，企业家往往采取谨慎态度，不愿意尝试新形式的无形网络融资。因此，我国风险监管发展方向应逐步转向多元化、分层监管的模式。我国可以借鉴美国分级监管的做法，建立起与我国多层次资本市场相配套的风险监管体系，协调央行、发改委、银监会和证监会的分工协作，重视市场的信息披露建设，从而逐步建立以政府监管为主，以行业内控自律和社会舆论监督为辅的多层次风险监管体系。分层进行风险监管可以大大提高监管效率、节约监管成本，使有限的监管资源流向最利于保护投融资者利益的方向，这是构建我国多层次资本市场体系不可或缺的外部保障。

值得关注的是，构建多层次资本市场体系并不要求政府进行过多的行政性干预。相反，政府要适当地减少干预，简政放权，充分发挥市场在资源配置中的作用，维持一个公平透明的市场交易秩序。

7.5　规范民间金融

当前，我国的金融体系是正规金融与民间金融并行的体系，且两者互为补充。民间金融在推动地方经济发展和满足科技型中小企业融资需求方面起着重要作用。我国民间金融由于风险高、利率高、监管难等种种问题的存在，其规范化发展一直得不到有效保障。要进一步完善我国金融服务体系、改善科技型中小企业融资状况，就必须规范民间金融发展秩序、优化民间金融发展环境。为此，我们提出了以下几点政策建议。

7.5.1　建立民间金融市场准入及退出机制

长期以来，我国的金融业准入门槛较高，国家对此有严格的控制。当前，互联网经济得到了快速发展，在这样的背景下，加大金融市场特别是互联网金

① 何启志. 经济新常态下的多层次资本市场建设 [J]. 财贸研究，2016（4）：95-100.

融市场的开放力度，放宽民间金融的进入标准对于推动科技型中小企业融资平台的建设和整个互联网金融的发展十分必要①。国家可在现有的制度基础上完善民间金融市场特别是互联网民间金融市场准入机制，积极引导民间金融由灰色地带走向规范化、合法化的发展道路，对于进入互联网金融行业、流向科技型中小企业互联网融资平台的民间资本给予鼓励和支持。建立民间金融市场准入机制的关键是区分民间金融机构。对于一些达到法定标准、资金实力较强、内部管理控制规范、信用良好、抵御风险能力较强的大型民间金融机构，可以将其纳入正规金融机构的范围，赋予法人资格，按照正规金融机构来进行注册、登记、管理和监督；对于资金实力较弱、管理不够规范的中小民间金融机构，则要对其信誉度、风险防范能力进行严格审查，对不符合正规金融机构准入资格的，则要结合当地经济发展实际情况，引导其与正规金融机构合作，引导其资金流向正规投资渠道；而对于自然人之间或部分企业间小额的资金借贷等简单的民间金融形式，由于一般风险较小，无须特别的市场准入，但必须依法保护借贷双方的合法权益，促使其向契约化方向发展即可。

在降低市场准入门槛的同时，完善的市场退出机制为民间金融在科技型中小企业的实施提供了有力保障。由于民间金融没有国家信用作为担保，资金实力也相对较弱，如果没有完善的市场退出机制的保障，民间金融机构的破产很可能对贷款人的利益造成严重损害。因此，要严格清算因经营不善而破产的民间金融机构，首先应考虑贷款人的利益；对于违法违规的民间金融机构，则要及时查处，依法强制清理。

7.5.2　建立民间金融发展风险配套制度

民间金融的健康有序发展离不开一系列风险配套制度的保障，如果没有强有力的风险保障制度，真正的科技型中小企业民间金融体系将很难建立。

防范民间金融风险离不开存款保险制度，同时它也是民间金融市场退出机

---

① 廖天虎. 论我国民间金融监管制度的演变——基于新中国成立后的相关制度变迁的分析［J］. 经济社会体制比较，2017（1）：111 – 118.

制的必要补充①。当民间金融机构的经营出现问题或发生破产危机时，很容易在贷款人中引发恐慌情绪和"挤兑"风潮，而一旦民间金融机构真的破产，贷款人的利益将无法得到有效保障，从而抑制了贷款人通过民间融资平台为科技型中小企业提供资金的积极性。因此，借鉴美、德等发达国家的先进经验，对于我国的存款保险制度具有重要的指导作用。

此外，相关部门应建立民间金融风险预警机制，对民间金融进行实时风险监测。同时对科技型中小企业民间融资进行有效的监管，从而防范金融风险。监管部门应设计一套系统、科学的能够敏感地反映风险状况变化的民间金融风险指标体系，对民间金融的风险进行全方位的实时监测。一旦风险水平达到临界值，则应针对不同的风险程度采取差异化的应对措施，并向借贷双方发布风险预警信号，以便双方及时采取措施防止损失。

7.5.3　鼓励民间金融与正规金融机构的合作

民间金融与正规金融并不是完全替代关系，二者在服务对象、信息获取等方面具有明显的互补性。例如在科技型中小企业融资方面，银行等正规金融机构供给不足，应在政府的监督引导下充分发挥民间金融的促进作用。两者之间可以在某些领域开展合作，即科技型中小企业与正规金融机构之间通过民间金融搭建融资平台，由民间金融先从正规金融机构取得贷款，再利用民间金融的比较信息优势，将其贷给信用度好的科技型中小企业。这种合作方式对于民间金融来说，克服了其资金不足、规模较小的劣势，大大地简化了交易程序，降低了交易成本，也促进了自身的规范化发展；对于那些符合规定的金融机构来说，解决了其与科技型中小企业之间的信息不对称问题，扩展了其业务链条；对于科技型中小企业来说，则增强了其资金的可得性，实现了多方共赢的局面。可见，两者之间的合作既能促进民间金融的规范化发展与提升，也能提高正规金融机构向下延伸的能力，从而扩大金融服务范围，促进经济发展。

---

① 鲍洋，石大龙. 资本监管、存款保险制度与系统性风险 [J]. 财经问题研究，2016 (6)：53 - 59.

7.5.4　推进利率市场化改革

利率市场化，是指市场供求关系决定其利率的数量结构、期限结构和风险结构。从发达国家发展实践来看，贷款利率市场化是资本市场发展的必然趋势，对于缓解科技型中小企业融资难也将起到促进作用。很长一段时间，我国的利率管制使得资金供求的现实状况并不能从现行的利率水平中反映出来，从而降低了企业投资需求对利率的弹性，进而导致资金的巨大浪费[①]。正规金融市场上利率管制的限制对于我国民间金融的影响较小，利率水平可以根据借款企业的技术创新情况、信用状况、借款期限、抵押担保状况、经济实力等情况的不同自由浮动，由借贷双方自行协商决定，市场化更加充分，但同时也滋生了高利贷等黑色金融成分。推进利率市场化改革，减少对贷款利率的限制，实现贷款利率的市场化，对于提高金融资源配置效率、盘活正规金融机构的存量资金、扩大对科技型中小企业的资金供给有着重要作用。同时有着诸多现实意义：一方面，由于正规金融市场利率与民间金融市场利率将趋于统一，高利贷等不良民间金融形式的生存空间将被压缩；另一方面，民间金融的正规化因利率市场化的推动也将有益于经济发展，民间金融和正规金融的各自市场定位将更加明确，从而形成正规金融和民间金融在各自优势市场范围内提供金融服务的规范局面，为科技型中小企业融资提供更多元的渠道、创造更好的金融服务环境。

7.5.5　完善民间金融法律法规

保障民间金融规范有序发展，使其为科技型中小企业融资提供有效支持的关键是实现民间金融法治化。我国现有的《中华人民共和国民法通则》《中华人民共和国合同法》等法律法规对民间融资问题虽有所涉及，但大多数为原则性规定，这些条款相对含糊不清，民间金融仍然缺乏特殊立法，使得民间融资

---

① 徐清. 利率市场化下民间金融的未来 ［J］. 黑龙江金融，2015（3）：75-78.

活动长期处于一种模糊的灰色金融地位①。科技型中小企业在民间融资中的合法权益得不到有效的保障，同时这种相关法律和监管的缺失也在很大程度上导致了民间金融的发展乱象，但是对民间金融的否定和打击不仅会阻碍其健康发展，还会违反市场规则。首先，应明确界定民间金融的概念和民间金融的法律地位，以保护正当的民间融资，鼓励其发展形式的创新和转变，引导其从"地下"转入"地上"有序发展；其次，要明确界定交易方式、交易范围、利率水平、借贷双方的权利义务以及违约责任，逐步建立起完整的民间金融法律体系，更好地维护市场秩序。

7.6　推动信用机制的建立和完善

在发达国家较为完善的社会信用体系中，通常具备社会信用数据系统、相关法律框架以及独立的第三方信用服务机构等要素，从而为银行、企业、政府和个人提供了全面的社会信用信息，更是为企业的融资活动创造了必要条件和良好环境。同发达国家相比，我国信用体系建设起步较晚，社会信用机制尚不完善。近年来，我国互联网金融发展迅速，是科技型中小企业融资的新选择，但由于信用机制不健全，其蓬勃发展的背后也隐藏着较大的信用风险。因此要充分发挥互联网金融在解决科技型中小企业融资问题中的作用，必须进一步推动信用机制的建立和完善，解决信息不对称所产生的一系列问题。对此，我们提出了针对互联网背景下建立和完善信用机制的几点政策建议。

7.6.1　发挥政府的主导作用

要想从根本上解决科技型中小企业融资面临的信息不对称问题，首先要发挥政府的主导作用，搭建科技型中小企业信用信息平台，改善互联网融资的信用环境。

近年来，我国社会信用体系逐步完善，但是也应该看到，我国信用体系整

---

① 仇晓光. 民间金融开放中高利贷问题法律规制研究［J］. 社会科学研究，2017（3）：69 - 74.

体上仍处于初步阶段。科技型中小企业开放式融资模式需要完善的信用体系支持，然而目前尚不能满足科技型中小企业提供融资服务的需要①。当前，我国工商、银行、司法等部门虽然已建立起自己的信用系统，但系统间彼此相互独立，没有实现信息的联通、共享。

首先，建立科技型中小企业信贷信息平台应当是在政府的领导下，通过互联网收集和分享信息的强大功能，以及信息的整合，将不同部门纳入整体进行协调，以及在各省和市镇，消除部门和区域间信息的障碍，并充分整合信息。建立一个完备的科技型中小企业信用信息库，并不断实时更新信用信息。其次，一个完整的企业信用信息库除了发挥信用信息记录功能以外，还必须建立起动态、科学的信用等级评定机制，在科技型中小企业利用融资平台时，为其提供可靠、有效的信用参照，因此应组织专家进行研究讨论，建立统一、权威的科技型中小企业信用等级评估标准，利用大数据和先进的信息技术手段，通过科学的评估程序和评估方法，对企业信用等级做出客观的评定。最后，还应向社会公众提供信用信息查询功能，公开披露债务违约、生产销售质量不合格产品等企业的失信行为，提高企业的违法失信成本，充分发挥社会监督作用，从而建立起集征信、评估、查询和披露功能于一体的科技型中小企业信用信息网络平台，与科技型中小企业互联网融资平台相结合，从根本上改善互联网金融信用环境和科技型中小企业融资环境。

7.6.2　发挥第三方信用评级机构的作用

由发达国家信用体系的建设可以看出，独立的第三方信用评级机构是互联网金融信用体系不可或缺的一部分。

我国互联网金融行业普遍面临第三方信用评级缺失和行业自我风险管控能力差等问题，先进的信用评级体系应由专业的第三方信用评级机构开发，而不是由互联网融资平台企业自身来开发②。鉴于网络金融风险的特性，互联网金

---

① 刘春志，张雪兰，陈亚男. 信用信息分享、银行集中度与信贷供给——来自165个国家和地区（2004—2013）的经验证据 [J]. 国际金融研究，2016，356（12）：43–53.
② 马建威. 美欧信用评级法律监管的发展及启示 [J]. 北京社会科学，2015（11）：123–128.

融信用的第三方信用评级机构应具有较强的责任感和更强的承担公共责任的能力，把重点放在维护互联网金融资金安全和保障偿付能力与流动性管理上。专业、客观、独立的第三方信用机构能为科技型中小企业互联网融资平台的建设提供有效信用评级体系支持。因此，应在国家相关政策法规的指导下，积极引入和培育独立的第三方信用评级机构，结合基于科技型中小企业互联网融资平台的特点，建立有针对性的信用评级标准和风险预警系统，提高公众尤其是科技型中小企业识别互联网金融主体和互联网金融产品的风险的能力，充分揭示信用风险，缓解互联网金融信息不对称问题，提高互联网金融运行效率。

7.6.3　加强对互联网融资信用风险的监管

由于互联网融资平台基于网络信息技术，开放性强，使得其在保留了传统金融风险的同时，更新、扩充了传统金融风险的内涵和表现形式，呈现出更高的信用风险[①]。在互联网金融行业迅速发展的同时，由于监管缺失导致的恶意诈骗、跑路、夸大收益率、泄露个人信息等恶性失信事件频发，因此，必须要加强对互联网融资平台信用风险的监管力度，规范行业发展。

首先，要明确互联网金融业务的监管机构、监管职责和监管手段，正式将互联网金融行业纳入行政监管体系，在加强监管的同时，又要规范互联网融资平台上的征信、借贷行为，在保障信息主体的合法权益的同时，又要明确互联网金融借贷行为的资金渠道，保障双方的合法权益。其次，应提高行业的准入门槛，对申请进入互联网金融行业特别是申请建立科技型中小企业融资平台的企业执行严格的资格审查和备案制度，避免信誉度差的企业进入，从源头上切断信用风险。总之，对于互联网金融机构的监管，要重点关注该类企业的资质审批、重大金融业务审批和报备制度，等等。

7.6.4　完善相关法律法规建设

2013 年《征信业管理条例》的出台解决了我国征信行业无法可依的问题，

---

① 张文，夏晶，张念明. 我国地方政府融资平台信用风险评估——基于 Logistic 模型 [J]. 贵州社会科学，2016（10）：151 – 157.

但其中也没有对互联网金融企业的征信信息来源和征信方法等做出明确规定。总的来说，我国现行的法律体系缺乏针对互联网金融的行业标准定义、信用信息主体权利保护以及信用信息采集和使用等方面的法律法规，从而大大增加了使用互联网融资平台的科技型中小企业的行业风险。因此，我们应借鉴西方发达国家的经验，结合我国互联网金融业的特点，补充和完善相关的法律框架。一方面，应对互联网金融行业的业务边界、准入标准、经营形式、经营范围、违规处罚措施等做出明文规定，进一步规范科技型中小企业互联网融资平台的发展；另一方面，与其他企业相比，科技型中小企业对企业专利技术等信息的保密性要求更高[①]。因此，针对当前我国存在的一些互联网融资平台不当或过度搜集、利用信息，侵犯、泄露信息主体机密的行为，在保护公司信息、防止信息泄露和规范信用信息方面，完善互联网金融相关法律法规尤为重要。

7.6.5　发挥信息技术在互联网融资信用体系建设中的作用

信用体系的建设离不开科学技术的发展。例如，使用目前更成熟的在线身份信息识别认证技术，可以保证互联网融资平台上资金供求双方的身份信息的真实性。利用大数据挖掘技术，可以通过企业历史交易信息分析企业信用状况，利用数字认证和安全控件技术，可以保证融资平台交易环境的安全性，等等。因此，应进一步加强对互联网金融信息技术的研发、创新力度，加强安全技术储备，充分发挥信息技术在互联网金融信用体系中的作用，为科技型中小企业利用互联网融资平台提供良好的条件。

7.6.6　鼓励引导行业自律

防控互联网融资平台企业的信用风险，从而优化科技型中小企业融资环境，需要在政府部门监督、法律法规约束的基础上结合行业自律与自治。通过成立行业协会，为互联网金融企业间的业务交流和信息共享提供专业平台，并按业务类型订立行业管理规则、自律标准、惩罚机制等，强化互联网金融企业

---

① 葛锐. 制药企业估值约束研究：竞争、研发与专利保护 [M]. 北京：经济科学出版社，2019.

的信用意识，加强企业自身信用建设，使其自觉公开接受社会评价监督，强化其在经营中进行信息披露和风险提示的义务，从而营造自律、守法、诚信经营、规范发展的良好行业氛围，降低科技型中小企业融资风险。此外，还可以由行业协会为互联网融资平台建立统一的信用征集标准，从而实现信用信息的对接和共享，提高科技型中小企业的信息采集、利用效率以及融资效率。2013年我国中关村互联网金融信用信息平台的开放正是我国互联网金融行业自治道路的良好开端。

7.7 加强对互联网金融的监管

互联网金融是缓解科技型中小企业融资困难的重要途径，也是开放式融资的重要组成部分。自从互联网1995年开通以来，政府日益重视互联网金融的规范发展，高度警惕互联网金融风险。互联网金融平台的高额费用、暴力催收等反映出监管体系尚不健全，专门针对互联网金融的法律不足以应对当前的问题，消费者权益得不到有效保护，互联网金融公司内部控制存在很大的缺陷。从2018年聚投诉平台重点行业整体投诉数据来看，含金融消费、小额贷款、助贷等互联网消费金融业的有效投诉量共计20.97万件，成为2018年第一大被投诉行业，但其投诉解决率仅仅39.7%[1]，高投诉率与低解决率形成了鲜明的对比，照此下去，造成的经济后果和造成的民事纠纷难以计量[2]。自互联网金融乱象被频繁曝光之后，已有大量APP下架，但这并不能解决问题。那么该如何采取措施进行监管？又该怎样才能够解决互联网金融的乱象呢？为促使互联网金融行业健康发展，必须加强对互联网金融的监管，完善当前的监管体系和公司的内部控制制度建设来降低风险[3]。

---

[1] http://finance.sina.com.cn/roll/2019-04-23/doc-ihvhiewr7678888.shtml.

[2] http://iof.hexun.com/2019-04-23/196924261.html.

[3] 何欲晓. 互联网金融风险监管研究 [D]. 广州：华南理工大学，2018.

7.7.1　健全互联网金融监管体系

近年来，我国互联网金融业不断发展，相关监管制度的实施远远落后于行业的发展，这就要求相关部门在现有的基础上，迅速制定专门针对互联网金融的监管细则和行业标准，有效防范互联网金融行业可能出现的信用风险和技术风险。进一步发挥中国互联网金融协会行业自律监管的作用，规范管理业务运作流程，协调行业与监管部门的关系，促进政策的顺利实施①。我国监管部门可借鉴欧美国家的成功经验，从市场准入经营许可和业务操作流程的管理入手，对不同行业和不同种类的互联网金融业务实施差异化监管。

1. 实行"一行一会"的"双峰"监管模式

随着我国经济的高速稳定发展，互联网金融日趋占据着广大的市场份额。互联网金融模式的不断发展，也使得我国的监管模式表现出很多不足，例如存在监管空白、监管漏洞和监管套利问题等。因此，为提高互联网金融监管的效率，降低互联网公司的经营风险，政府应积极采取措施。由于目前的"一行三会"分业监管模式中，各监管部门只负责各自分管区域内的业务，因此很容易产生监管套利，存在很大漏洞。改革后，整合"一会"，保留央行的主要职能。"一会"统一制定金融业发展规划和综合金融管理、监管标准及协调监管资源等②。

2. 完善监管法律体系建设

目前，我国互联网金融监管的法律体系的内容严重不足，仅仅是增加或者补充某些具体风险现象的规范文件。因此，随着互联网金融的快速发展，应尽快制定并完善互联网金融法律法规，尤其是在信息技术、网络安全、消费者权益保护等方面，并在此基础上尽快制定互联网金融的规范要求。随着互联网金融创新的不断涌现，应当综合考虑、全面统筹和深入研究，紧跟互联网创新的

---

①　武文全. 我国互联网金融的发展与监管研究 [J]. 中国经贸导刊（中），2018（35）：36 - 37.

②　何欲晓. 互联网金融风险监管研究 [D]. 广州：华南理工大学，2018.

步伐，不断规范和健全法律法规体系。一是改善并进一步修订我国互联网金融相关的现行法律，如我国的《中华人民共和国保险法》《中华人民共和国证券法》和《中华人民共和国商业银行法》等。二是尽快研究并制定针对互联网金融的专门法律体系，从下到上可以包括规范性文件、部门规章和法律法规等，并明确各方的权利和义务，有效控制和规范互联网金融风险[①]，例如修改《中华人民共和国证券法》中的证券定义和范围，把众筹、P2P 等互联网金融活动纳入其监管范围[②]。

7.7.2　加强互联网金融消费者权益保护

消费者权益保护是金融监管的重要目标，同时也是英、美等国家互联网金融监管的核心内容。我国互联网金融投资者大多为小微群体，其信息获取、风险识别和抵御能力较弱，在与互联网金融机构的信息博弈上，处于弱势地位，加之网络虚拟渠道使得消费者维权难且成本高等原因，消费者权益更加容易被侵害[③]。对此，本部分从金融消费者权益保护的角度提出具体的建议。

1. 进行金融知识普及教育

我国各地区发展不平衡，较少有系统的金融消费者教育，因此，政府应当推广针对普通金融消费者的知识普及教育。第一，可以在中央成立互联网金融扫盲办公室，负责统筹调度，在各地成立办事处，由专门从业人员和一定的专家学者组成扫盲小组，对互联网金融从业人员开展扫盲教育；第二，可以每年定期开展继续教育，以加强员工的知识水平和专业技能；第三，可与网络教育机构进行合作，开展网络课堂，进行网络教育，降低教育成本，拓宽教育渠道。

---

① 徐能. 我国互联网金融监管存在的问题及对策研究［J］. 商业经济，2018（12）：150 - 151.
② 何剑锋. 论我国互联网金融监管的法律路径［J］. 暨南学报（哲学社会科学版），2016，38（1）：58 - 65，130 - 131.
③ 刘霁. 互联网金融的风险机制及监管研究［D］. 长沙：湖南师范大学，2018.

2. 加强投资者权益保护

投资者的知识及维权意识参差不齐，除普及教育之外，应当加强对投资者的风险教育。一是进行金融安全教育，使投资者形成金融资产保护意识及维权意识；二是进行信息检索教育，提高投资者对互联网平台的了解程度，提高判断能力，尽量减少信息不对称现象；三是进行实时监控，及时禁止或者下架违规金融产品，从源头降低风险；四是拓宽维权渠道，当投资者权益受到侵害时能够有渠道维权，降低损失。

3. 建立互联网消费者纠纷解决机制和保障基金

由于信息不对称、认知偏差等原因，在金融纠纷中，消费者往往处于弱势地位。作为金融消费者保护的最后一道屏障，建立多元、便捷、高效的纠纷解决机制尤为必要。互联网金融投资者多属小微群体，涉及面大且分布区域广泛，难以集中形成一股庞大力量。为确保在企业退出市场时消费者权益不受侵害，可采取如下措施：首先，互联网金融企业可以按照比例出资成立消费者保障基金，基金由行业协会具体管理并投资政府、企业债券或者较稳健的投资组合，利息可作为赔偿基金的补充，当互联网金融企业发生危机或破产时，消费者可以向基金申请救济赔偿金。其次，建立互联网金融在线仲裁机构，根据我国的国情和各地区的发展状况实施仲裁。在线仲裁机构可与人工智能技术结合，一方面可以大大降低仲裁成本，另一方面可以提高仲裁的效率，尽最大可能保证消费者的合法权益[①]。

7.7.3 注重互联网金融企业的内部控制

信息技术发展促进了公司与投资者沟通渠道多元化，互联网传播对资本市场特定事件的市场反应产生影响[②]。大多数互联网金融机构是从 IT 企业或者其

---

① 李勇坚. 互联网金融视野下的金融消费者权益保护［J］. 经济与管理研究，2016，37（9）：54–61.

② 徐静，葛锐，韩慧. 自媒体传播渠道对内控缺陷披露市场反应的影响研究［J］. 审计研究，2018（5）：113–120.

他非金融机构发展而来，一些互联网金融企业往往盲目追求高成交量，导致其风险控制意识薄弱且经验不足，存在很大的安全隐患。因此，互联网金融企业应该从内部控制五个方面入手，降低行业风险，减少舞弊行为的发生，防患于未然。

1. 优化控制环境

控制环境的质量与实现互联网金融公司的业务目标直接相关。因此有必要在公司内部形成有利于内控制度有效运行的良好环境。

首先，互联网金融企业应注重提升管理层对内部控制的认识，使其树立新时代管理理念，帮助其提升自身的管理水平和专业能力。尤其是那些技术管理层，应将风险意识作为企业文化的重要组成部分，加强对风险管理的重视，加强企业风险管理的薄弱环节。其次，公司应完善治理结构，充分发挥独立董事、监事会和审计委员会等在公司内部控制中的监督作用，确保公司治理结构科学合理，明确公司财产权，明确内部控制有关部门职能，确保公司内部审计部门具有独立地位，从而达到降低内部控制风险、实现内部控制目标的目的。最后，公司在企业经营和管理过程中，还应优化配置组织结构，精简各部门职责，提高人员办事效率，减少一人多职的行为，避免舞弊、贿赂行为的滋生。可采取薪酬激励与职位激励等措施加大企业员工参与监督的力度。

2. 重视风险

在当前纷繁复杂而多变的经济环境中，互联网金融企业的风险评估机制是其内部控制的重要组成部分。公司应在经济业务运营过程中，充分考虑和评估企业面临的风险，以便有效应对。对于边际效用大于边际成本的业务，应当采取多种评估方法进行事先评估和估计；对于边际效用小于边际成本的业务，应适时放弃和转移，避免对上市公司产生更大的消极影响。

3. 完善控制活动

为进一步降低互联网金融企业的经营风险，在互联网金融企业内部也有必要进一步完善控制活动。首先，进行实名认证，关联央行征信系统，同时结合其他互联网金融企业实现征信数据共享，对特殊大额交易开展线下尽职调查；其次，制定投资规模限制标准，根据信用评级结果及客户财务状况设定限额；最后，建立高效可行的审查程序，定期监测后续资金使用情况，及时处理坏账①。

4. 加强信息与沟通

信息与沟通能够保障互联网金融企业的信息及时、准确地传递，因此互联网金融公司也应加强信息披露的力度。各个地方可在制度上规范各网贷平台，必须将各个平台的信息、风险等予以公示，每季度向投资者公开财务状况，每月应向地方报告平台运营情况，核心人员的变更、公司地址变更也应一并指出。同时，地方也应该指导各互联网金融网贷平台，建立积极有效的投资者保障机制，保护投资者的合法权益②。

5. 强化监控

监控是由企业选取一定的人员，在一定的基础上，评估企业内部控制的运行情况。内部控制的好坏很大程度上取决于监控的力度大小，因此加强企业内部、外部的监控，有利于企业内部控制的完善，降低企业的审计风险。对于互联网金融企业来说，业绩考核是经营和发展过程中一项十分重要的工作，也是衡量其发展好坏的关键因素，因此互联网企业可在企业内部建立专门的考核制度，成立专门考核小组，对企业内的员工进行集中考核，这样能更好地激励员工，弥补企业内部的缺陷和不足。另外，互联网金融企业应该充分重视审计工作，规范内部审计及风险控制程序，及时建立评价监督体系，注重审计工作中的每一个环节，把握审计工作的每一个细节，从根本上防止发生审计风险③。

---

① 张红英，赵丹. 基于 PDCA 循环的互联网金融企业内控体系构建 [J]. 财务与会计，2016 (16)：30 - 32.

② 谢燕芳. 完善互联网金融监管机制研究 [D]. 南昌：江西财经大学，2017.

③ 蓝波. 互联网金融企业的内部审计及风险控制探究 [J]. 中国管理信息化，2018，21 (12)：26 - 27.

附录　中国科技型中小企业融资状况问卷调查

尊敬的女士/先生：

您好！

为真实反映科技型中小企业融资状况，为企业融资提供对策建议，请您在百忙之中协助我们填写这份问卷。本调查受国家社会科学基金项目（14CJY072）支持，调查结果只用于学术研究，无任何商业用途。我们承诺对贵公司提供的信息严格保密。我们愿意提供最终研究成果及建议。谢谢！

【回答方式：一是选择（在相应选项上打√）；二是填空，请直接填写。】

一、企业一般信息

1. 企业概况（填写或选择）

企业名称		企业地址	省（区市）
注册时间		联系电话	
主营业务		网址	A. 有　B. 没有　C. 在建
技术水平	A. 国际级　B. 国家级　C. 省部级　D. 地市级　E. 其他_____		
产业类型	A. 技术密集型　B. 劳动密集型　C. 资本密集型　D. 其他_____		
成长阶段	A. 创办期　B. 成长期　C. 成熟期　D. 衰退期　E. 二次创业阶段		
员工人数	A. 10人以下　B. 10~50人　C. 50~100人　D. 100~200人　E. 200人以上		
年营业收入	A. <100万元　B. 100万~300万元　C. 300万~500万元　D. 500万~1000万元　E. >1000万元		
资产规模	A. <300万元　B. 300万~500万元　C. 500万~1000万元　D. 1000万~3000万元　E. >3000万元		
企业法人与实际控制人是否为同一人	A. 是　B. 否		
是否通过高新技术企业或科技型企业认定？（认定后有优惠扶持政策）	A. 已通过　B. 申请但没通过　C. 觉得不够条件没申请　D. 太麻烦没申请　E. 不知道有这个认定		

2. 基本情况（单选）

当前最重要的任务	A. 发展新的客户　B. 控制成本，提高利润率　C. 稳定发展现有业务　D. 向多元化经营转变　E. 扩大市场占有率　F. 新技术研发　G. 创新能力提升
公司当前经营范围	A. 集中在一个行业　B. 开始向其他行业扩展　C. 涉及多个行业　D. 在多个行业有较大发展　E. 在多个行业中发展，但正从某些行业退出
公司发展主要目标	A. 维持生存　B. 适度扩张　C. 追逐利润　D. 快速增长　E. 技术领先
对风险的偏好程度	A. 追求以新技术获得高额利润，不惧风险　B. 为追求利润，愿承担较高的风险　C. 均衡对待风险与利润的选择　D. 趋向于规避较大的风险　E. 追求企业稳健发展，严格规避风险

3. 其他指标（填写）

	2012 年	2013 年	2014 年
企业总资产增长率			
企业销售收入增长率			
企业主营业务收入增长率			
企业负债与收入的比值			
企业收入与总资产的比值			

二、贵企业技术创新状况（填写或选择）

1. 贵企业是否有正在进行的研发项目？（　　　）

A. 有_____项　　　　　　　　B. 没有

2. 贵企业是否拥有自主开发的知识产权或技术？（　　　）

A. 有_____项　　　　　　　　B. 没有

3. 贵企业获得科技奖励级别与次数？（　　　）

A. 国际级_____次　　　　　B. 国家级_____次

C. 省部级_____次　　　　　D. 地市级_____次　　　　　E. 没有

4. 贵企业依靠的核心技术在同行业当中的地位（　　　）

A. 很先进　　　　　B. 先进　　　　　C. 一般　　　　　D. 不先进

E. 很不先进

5. 贵企业主要技术来源（　　　）

A. 自主研发　　　　B. 联合开发　　　　C. 引进

D. 复制国外技术　　E. 其他_____

6. 贵企业对新技术和新产品的开发力度（　　　）

A. 很重视　　　　B. 重视　　　　C. 一般　　　　D. 不重视

E. 很不重视

7. 贵企业年均研发投入占销售收入比重（　　　）

A. >5%　　　　B. 3%~5%　　　　C. 1%~3%　　　　D. <1%

E. 无

8. 贵企业研发经费年均投入增长（　　　）

A. >10%　　　　B. 5%~10%　　　　C. 3%~5%　　　　D. <3%

E. 无增长

9. 贵企业科研人员所占比重（　　　）

A. >30%　　　　B. 20%~30%　　　　C. 10%~20%　　　　D. 5%~10%

E. <5%

10. 贵企业员工培训费用增长率（　　　）

A. >10%　　　　B. 5%~10%　　　　C. 3%~5%　　　　D. <3%

E. 无增长

11. 贵企业职工平均受教育水平（　　　）

A. 高中及以上　　　B. 专科及以上　　　C. 本科及以上

D. 硕士及以上　　　E. 博士

三、企业融资状况（填写或选择）

1. 贵企业发展资金缺口（　　　）

A. 很大　　　　B. 较大　　　　C. 一般　　　　D. 较小

E. 很小

2. 贵企业是否能融到资金？（　　　）

A. 能　　　　B. 不能（如选此项请转至第12题）

3. 按信用程度，贵企业获得过什么样的贷款（　　　）

A. 信用贷款　　　B. 抵押贷款　　　C. 保证贷款　　　D. 质押贷款

E. 票据贴现　　　F. 其他

4. 贵企业银行贷款占总负债的比重（　　　）

A. 20% 以下　　　B. 20%～30%　　　C. 30%～40%　　　D. 40%～50%

E. 50% 以上

5. 贵企业融资来源（　　　）

A. 正规金融机构（银行、农信社等）____%　　　B. 互助性民间金融____%

C. 商业性民间金融机构____%　　　D. 国外金融机构借款____%

E. 网络金融机构____%　　　F. 小额贷款公司____%

G. 互联网贷款平台____%　　　H. 私募基金____%

6. 贵企业目前借款或贷款余额（　　　）

A. ＜100 万元　　　B. 100 万～200 万元　　　C. 200 万～500 万元

D. 500 万～800 万元　　　E. ＞800 万元

7. 贵企业借款期限最长为（　　　），最短为（　　　）

A. 1 个月以下　　　B. 1～3 个月　　　C. 3～6 个月

D. 6～12 个月　　　E. 1 年以上

8. 从申请借款到借款到账，最长时间为（　　　），最短时间为（　　　）

A. 3 天以内　　　B. 3～15 天　　　C. 15～60 天

D. 60～90 天　　　E. 90 天以上

9. 贵企业借款的平均年化利率（不考虑隐含成本）为多少？

A. 5% 以下　　　B. 5%～10%　　　C. 10%～20%

D. 20%～25%　　　E. 25% 以上

10. 综合融资成本（含疏通关系、购买理财产品等附加条件费用）占融资额的比重（　　　）

A. 8% 以下　　　B. 8%～10%　　　C. 10%～12%

D. 12%～15%　　　E. 15% 以上

11. 您认为所获得的借款是否改善了贵企业的经营（　　　）

A. 显著改善　　　B. 有较多改善　　　C. 有点改善

D. 没有明显改善   E. 没有作用

12. 您的资金来源主要来自（   ）（可多选，如多选请排序_____）

A. 自有资金   B. 亲朋借款   C. 银行贷款

D. 外商投资   E. 风险投资   F. 政府资助

G. 企业间融资   H. 信用融资   I. 银行票据融资

J. 员工集资   K. 资本市场   L. 其他_____

13. 贵企业申请借款的目的通常是（   ）

A. 还旧债   B. 扩大生产规模   C. 技术改造

D. 上新的项目   E. 技术研发   F. 流动资金

G. 其他

14. 在目前的借款条件下，贵企业希望获得的融资数额是（   ）

A. 0   B. 0～5 万元   C. 5 万～20 万元

D. 20 万～50 万元   E. 50 万～100 万元   F. 100 万～200 万元

G. 200 万～300 万元   H. 300 万～400 万元   I. 400 万～500 万元

J. 500 万～700 万元   K. 700 万～1000 万元   L. 1000 万元以上

15. 您认为多高的年利率可以承受？（   ）

A. 5% 以下   B. 5%～10%   C. 10%～20%

D. 20%～25%   E. 25% 以上

16. 通常情况下，贵企业能够忍受的最长借款申请期限为（   ）

A. 3 天以内   B. 1 周以内   C. 半个月以内

D. 1 个月以内   E. 2 个月以内   F. 3 个月以内

G. 半年以内   H. 1 年以内

17. 贵企业希望用什么样的方式进行担保？（   ）

A. 联保   B. 抵押担保   C. 担保公司

D. 保证保险   E. 知识产权质押   F. 其他或建议_____

18. 贵企业银行贷款主要抵押品来源为（   ）

A. 个人财产   B. 不动产抵押（厂房等）   C. 机器设备抵押

D. 存货质押   E. 应收账款

F. 无形资产抵押（证券抵押等）   G. 知识产权质押

I. 其他_____

19. 您希望用何种资产做抵押担保？（　　　）

A. 机器设备　　　　　B. 应收账款　　　　　C. 房地产权

D. 土地产权或林权　　E. 技术或者专利等知识产权

F. 其他或建议_____

20. 您认为如果使用企业的技术作为抵押，企业的技术能够得到的估值占企业融资需求的比例是多少？_____

21. 您最希望从以下哪类金融形式获得资金？（　　　）（可多选）

A. 正规金融机构：（1）农行（2）工、中、建、交行（3）邮储银行（4）城市商业银行（5）农商行（6）农村信用社或农合行（7）网络金融机构（8）小额贷款公司

B. 商业性民间金融机构

C. 互助性民间金融机构

D. 直接融资（1）新三板（2）中小板或创业板（3）地方性股权交易中心（4）风险投资（5）企业债券（6）政策性基金

E. 政府资助

F. 国外融资

G. 互联网融资平台

H. 私募

I. 其他_____

22. 您认为融资难的主要问题在哪里？

A. 无抵押担保品　　　B. 手续复杂　　　　　C. 等待时间太长

D. 借款时间太短　　　E. 不知道找什么样的机构

F. 没有熟人，贷不出来　G. 信用记录不好　　　H. 借款的数额太小

I. 其他

23. 如要办理贷款，贵企业不能提供哪些资料（　　　）（可多选）

A. 房产资料　　　　　B. 车产资料　　　　　C. 银行账户流水

D. 公司账簿　　　　　E. 营业执照　　　　　F. 店铺租赁合同

G. 担保人资料　　　　H. 都能提供

24. 近三年所获得的直接融资（债券融资、股票融资等）额度为：（　　）

　　A. 100 万元以下　　　　B. 100 万～500 万元　　　C. 500 万～1000 万元

　　D. 1000 万元以上

25. 您认为直接融资难在哪里？（　　）（可多选，并按照重要性排序）

　　A. 不了解如何进行直接融资　　　　　　　　B. 手续复杂

　　C. 等待时间太长　　　D. 费用太高　　　E. 融资额度太小

　　F. 抵押或担保不足　　　G. 财务状况不佳　　　H. 信用审核严格

　　I. 贷款项目风险大　　　J. 其他_____

26. 请将影响企业融资能力的因素按重要性排列（　　）（可以补充其他因素）

　　A. 企业规模　　　　B. 技术创新能力　　　C. 企业政治关联度

　　D. 偿债能力　　　　E. 治理结构　　　　　F. 流动资产

　　G. 现金流　　　　　H. 企业与银行的关系密切程度

27. 您对互联网金融有什么样的了解？（　　）

　　A. 没听说过　　　　　　　　　　　　　B. 听说过，不可信

　　C. 想尝试，但不知如何操作　　　　　　D. 使用过，建议：__

28. 贵企业对互联网金融的信任程度？（　　）

　　A. 不信任　　　B. 较弱　　　C. 一般

　　D. 较强　　　E. 非常信任

29. 贵企业使用互联网融资的频率。（　　）

　　A. 没使用过　　　B. 较少使用　　　C. 偶尔使用

　　D. 经常使用　　　E. 每次都用

30. 您认为监管机制在网络融资中影响程度。（　　）

　　A. 很小　　　B. 较小　　　C. 一般

　　D. 较大　　　E. 很大

31. 您认为网络融资模式相对于其他融资方式的优势。（　　）

　　A. 很不明显　　　B. 不明显　　　C. 一般

　　D. 明显　　　E. 很明显

32. 手续费在网络融资中所占比重多大是贵企业可以承受的（不考虑利率

和隐含成本）

A. <0.3%   B. 0.3%~2%   C. 2%~5%

D. 5%~8%   E. >8%

33. 贵企业对互联网金融 P2P 模式使用程度（   ）

A. 很少   B. 较少   C. 一般

D. 较多   E. 很多

34. 贵企业对互联网金融众筹融资模式使用程度（   ）

A. 很低   B. 较低   C. 一般

D. 较高   E. 很高

四、企业融资环境

1. 您对所在区域融资环境的总体评价是（   ）

A. 非常好   B. 较好   C. 一般

D. 较差   E. 很差

2. 您周围的中小企业违约情况多吗？（   ）

A. 挺多的   B. 较多   C. 有几家

D. 没有   E. 不了解

3. 您觉得它们不还借款的原因是什么？（   ）

A. 不想还   B. 有钱，但不够还   C. 资金周转困难

D. 想还，还不上   E. 其他

4. 您的信用记录状况是否影响融资？（   ）

A. 是   B. 否   C. 不知道

5. 哪些金融机构在获得您公司的经营信息方面（如经营状况、在相关行业中的排名、诚信状况等）具有更明显的优势？（   ）

A. 正规金融机构（银行、农信社等）   B. 互助性民间金融

C. 商业性民间金融机构   D. 国外金融机构

E. 网络金融机构   F. 小贷公司

G. 互联网贷款平台   H. 私募基金

6. 您是否通过网络发布自己企业的经营信息？（   ）

A. 定期发布（1）公司网站（2）其他平台＿＿＿＿＿＿＿

B. 偶尔发布

C. 正在准备发布

D. 想发布但不知怎么发布

E. 为了保密，不发布

F. 没有发布的必要

7. 贵企业主要通过何种渠道发布项目资金需求信息（　　　）（多选，并按重要性排序）

A. 传统媒体　　　　　　B. 网络　　　　　　　C. 展会

D. 中介机构　　　　　　E. 政府部门　　　　　F. 朋友推荐

G. 直接与银行联系　　　H. 其他

8. 贵企业最需要的三种中介服务是（　　　）（请排序）

A. 上市相关服务　　　　　　　　　　　　B. 私募融资

C. 技术产权交易相关服务　　　　　　　　D. 资产和资信评估

E. 公证和仲裁　　　　　　　　　　　　　F. 其他

本问卷到此结束，再次感谢您的参与！

参 考 文 献

［1］艾亚. 传统金融机构怎样看待互联网金融［J］. 国际融资, 2014
(3)：38 - 42.

［2］安同信, 刘祥霞. 破解中国科技型中小企业融资难问题的路径研
究——基于日本经验的借鉴［J］. 理论导刊, 2015 (10)：52 - 61.

［3］鲍洋, 石大龙. 资本监管、存款保险制度与系统性风险［J］. 财经问
题研究, 2016 (6)：53 - 59.

［4］蔡四平. 规范我国民间金融发展的路径选择［J］. 中央财经大学学
报, 2011 (2)：23 - 28.

［5］曹健林. 抓住创业板市场建设机遇　建立适合科技型中小企业特点
的直接融资体系［J］. 中国高新区, 2008 (1)：18 - 20.

［6］陈海强. 互联网金融时代商业银行的创新发展［J］. 浙江金融, 2013
(12)：43 - 45.

［7］陈嘉欣, 王健康. 互联网金融理财产品余额宝对商业银行业务的影
响——基于事件分析法的研究［J］. 经济问题探索, 2016 (1)：167 - 173.

［8］陈稳进. 中外企业融资结构比较分析与启示［J］. 南开经济研究,
2002 (3)：78 - 80.

［9］陈曦. 我国商业银行对中小企业的金融支持问题研究［J］. 产业与科
技论坛, 2017, 16 (11)：19 - 20.

［10］陈晓红, 吴小瑾. 中小企业社会资本的构成及其与信用水平关系的
实证研究［J］. 管理世界, 2007 (1)：153 - 155.

［11］陈秀梅. 论我国互联网金融市场信用风险管理体系的构建［J］. 宏
观经济研究, 2014 (10)：122 - 126.

[12] 陈一稀. 互联网金融的概念、现状与发展建议 [J]. 金融发展评论, 2013（12）: 126 - 131.

[13] 程瑜, 贾康. 政府投资型科技金融服务模式研究 [J]. 经济研究参考, 2015（7）: 67 - 72.

[14] 崔海燕. 互联网金融对中国居民消费的影响研究 [J]. 经济问题探索, 2016（1）: 162 - 166.

[15] 戴丹苗. 科创板将改善"单边融资, 多空失衡"现状 [N]. 证券时报, 2019 - 05 - 14（A03）.

[16] 丁涛, 刘丽. 南京科技型中小企业融资方式选择及优化分析 [J]. 软科学, 2017, 31（6）: 115 - 119.

[17] 杜琰琰, 束兰根. 政府风险补偿与科技型中小企业融资结构、财务绩效、创新绩效 [J]. 上海金融, 2015（3）: 66 - 70.

[18] 范柏乃, 单世涛. 城市技术创新能力评价指标筛选方法研究 [J]. 科学学研究, 2002, 20（6）: 663 - 668.

[19] 范柏乃, 朱文斌. 中小企业信用评价指标的理论遴选与实证分析 [J]. 科研管理, 2003, 24（6）: 83 - 88.

[20] 范飞龙. 非对称信息下中小企业融资信用信号传递模型研究 [J]. 重庆大学学报（社会科学版）, 2002, 8（6）: 59 - 60.

[21] 方芳, 曾辉. 中小企业融资方式与融资效率比较 [J]. 经济理论与经济管理, 2005（4）: 38 - 42.

[22] 房红. 金融可持续发展理论与传统金融发展理论的比较与创新 [J]. 经济体制改革, 2011（3）: 125 - 128.

[23] 葛结根. 资本结构契约理论研究 [D]. 北京: 中国人民大学, 2004.

[24] 葛锐. 制药企业估值约束研究: 竞争、研发与专利保护 [M]. 北京: 经济科学出版社, 2019.

[25] 官晓林. 互联网金融模式及对传统银行业的影响 [J]. 南方金融, 2013（5）: 86 - 88.

[26] 龚映清. 互联网金融对证券行业的影响与对策 [J]. 证券市场导报,

2013（11）：4 - 8，13.

［27］辜胜阻，庄芹芹，曹誉波．构建服务实体经济多层次资本市场的路径选择［J］．管理世界，2016（4）：1 - 9.

［28］郭畅．互联网金融发展现状、趋势与展望［J］．产业与科技论坛，2013（19）：16 - 17.

［29］郭毅，陶长琪．科创板：金融供给侧结构性改革的风向标［J］．国际融资，2019（5）：26 - 28.

［30］何剑锋．论我国互联网金融监管的法律路径［J］．暨南学报（哲学社会科学版），2016，38（1）：58 - 65.

［31］何启志．经济新常态下的多层次资本市场建设［J］．财贸研究，2016（4）：95 - 100.

［32］何欲晓．互联网金融风险监管研究［D］．广州：华南理工大学，2018.

［33］侯润芳．银保监会：2018 年商业银行不良贷款率1.89%［N］．新京报．2019 - 01 - 11（2）.

［34］胡海峰，罗惠良．多层次资本市场建设的国际经验及启示［J］．中国社会科学院研究生院学报，2010（1）：74 - 79.

［35］胡海青，张琅，张道宏．供应链金融视角下的中小企业信用风险评估研究——基于 SVM 与 BP 神经网络的比较研究［J］．管理评论，2012，24（11）：70 - 80.

［36］胡吉祥．互联网金融对证券业的影响［J］．中国金融，2013（16）：73 - 74.

［37］胡凯，谢申祥．企业控制权理论综述［J］．经济纵横，2006（6）：78 - 79.

［38］胡小文．互联网金融的发展及影响［J］．金融会计，2014（4）：71 - 76.

［39］华荷锋．科技型中小企业知识产权融资模式选择研究［J］．技术经济与管理研究，2015（5）：41 - 44.

［40］黄海龙．基于以电商平台为核心的互联网金融研究［J］．上海金融，

2013（8）：18－23，116.

［41］黄鹏，刘艳.基于模糊综合评判法的小微企业综合信用评价模型——面向互联网金融服务平台［J］.西部金融，2013（10）：25－29.

［42］贾男，刘国顺.大数据时代下的企业信用体系建设方案［J］.经济纵横，2017（2）：40－44.

［43］金学军，陈杭生.从桥隧模式到路衢模式［M］.杭州：浙江大学出版社，2009：108－110.

［44］鞠冉.互联网金融下的非营利性众筹融资模式分析［J］.社会科学辑刊，2014（3）：101－104.

［45］康书生，曹荣.互联网大数据技术在融资领域的应用研究［J］.金融理论与实践，2014（1）：108－110.

［46］孔祥勤.金融遇上互联网——互联网金融发展现状及我省的对策建议［J］.广东经济，2013（12）：88－91.

［47］蓝波.互联网金融企业的内部审计及风险控制探究［J］.中国管理信息化，2018，21（12）：26－27.

［48］李博，董亮.互联网金融的模式与发展［J］.中国金融，2013（10）：19－21.

［49］李春琦，石磊.国外企业激励理论述评［J］.经济学动态，2001（6）：61－66.

［50］李光红，刘德胜，张鲁秀.信息技术、资源共享与开放式创新——基于新创科技企业的调查［J］.2018（6）：248－253.

［51］李华军.CEPA条件下广东科技型中小企业资本市场融资研究［D］.广州：广东工业大学，2006.

［52］李继尊.关于互联网金融的思考［J］.管理世界，2015（7）：1－7，16.

［53］李克穆.互联网金融的创新与风险［J］.管理世界，2016，269（2）：1－2.

［54］李丽菲.“互联网＋”背景下我国科技型中小企业融资问题研究［J］.管理工程师，2017，22（6）：19－22.

［55］李鑫，徐唯燊．对当前我国互联网金融若干问题的辨析［J］．财经科学，2014（9）：1－9．

［56］李毅光，毛道维，倪文新．政府主导型科技金融服务平台运行模式研究［J］．经济体制改革，2016（2）：197－200．

［57］李勇坚．互联网金融视野下的金融消费者权益保护［J］．经济与管理研究，2016，37（9）：54－61．

［58］李有星，陈飞，金幼芳．互联网金融监管的探析［J］．浙江大学学报（人文社会科学版），2014（4）：87－97．

［59］梁益琳，张玉明．创新型中小企业与商业银行的演化博弈及信贷稳定策略研究［J］．经济评论，2012（1）：16－24．

［60］梁益琳．创新型中小企业成长、融资约束与信贷融资策略研究［D］．济南：山东大学，2012．

［61］廖天虎．论我国民间金融监管制度的演变——基于新中国成立后的相关制度变迁的分析［J］．经济社会体制比较，2017（1）：111－118．

［62］廖愉平．我国互联网金融发展及其风险监管研究——以 P2P 平台、余额宝、第三方支付为例［J］．经济与管理，2015，29（2）：51－57．

［63］林辉，杨旸．互联网金融及其在中小企业融资中的应用研究［J］．华东经济管理，2016，30（2）：8－13．

［64］刘彬．中小企业融资研究理论综述［J］．南开经济研究，2005（2）：108－112．

［65］刘春志，张雪兰，陈亚男．信用信息分享、银行集中度与信贷供给——来自 165 个国家和地区（2004－2013）的经验证据［J］．国际金融研究，2016，356（12）：43－53．

［66］刘达．基于传统供应链金融的"互联网＋"研究［J］．经济与管理研究，2016，37（11）：22－29．

［67］刘东辉，黄晨．资本结构与企业价值关系的实证研究［J］．南方经济，2004（2）：47－49．

［68］刘芬．中小企业融资与银行关系研究综述［J］．北方经贸，2007（10）：113－115．

[69] 刘霁. 互联网金融的风险机制及监管研究 [D]. 长沙：湖南师范大学，2018.

[70] 刘澜飚，沈鑫，郭步超. 互联网金融发展及其对传统金融模式的影响探讨 [J]. 经济学动态，2013（8）：73-83.

[71] 刘圣中. 廉政信用机制：网络时代反腐倡廉的模式创新 [J]. 求实，2010（4）：57-61.

[72] 刘玮. 网络金融发展趋势与银行业对策研究 [J]. 中州学刊，2014（6）：49-51.

[73] 刘宪权. 论互联网金融刑法规制的"两面性" [J]. 法学家，2014（5）：77-91，178.

[74] 刘征驰，赖明勇. 虚拟抵押品、软信息约束与P2P互联网金融 [J]. 中国软科学，2015（1）：35-46.

[75] 刘志洋. 互联网金融监管"宏观—微观"协同框架研究 [J]. 金融经济学研究，2016（2）：106-116.

[76] 吕笑颜. 科创板衔枚疾走，金融科技抢滩掘金 [J]. 商学院，2019（4）：94-97.

[77] 马建威. 美欧信用评级法律监管的发展及启示 [J]. 北京社会科学，2015（11）：123-128.

[78] 马秋君. 中国高科技企业融资问题研究 [M]. 北京：北京科学技术出版社，2013：32-33.

[79] 马双双，郑建华. 灰色关联度分析法在供应商选择中的应用 [J]. 物流工程与管理，2015，37（6）：129-130.

[80] 毛雪媛. 商业银行小微企业不良贷款的风险防范 [D]. 邯郸：河北工程大学，2018：26-27.

[81] 毛雪媛. 商业银行小微企业不良贷款的风险防范 [D]. 邯郸：河北工程大学，2018：35-37.

[82] 莫易娴. 互联网时代金融业的发展格局 [J]. 财经科学，2014（4）：7-16.

[83] 聂莉萍. 科技型中小企业融资选择分析 [J]. 技术经济与管理研究，

2015（2）：38－41.

[84] 皮天雷，赵铁 . 互联网金融：逻辑、比较与机制 [J]. 中国经济问题，2014（4）：98－108.

[85] 仇晓光 . 民间金融开放中高利贷问题法律规制研究 [J]. 社会科学研究，2017（3）：69－74.

[86] 乔海曙，吕慧敏 . 中国互联网金融理论研究最新进展 [J]. 金融论坛，2014（7）：24－29.

[87] 饶越 . 互联网金融的实际运行与监管体系催生 [J]. 改革，2014（3）：56－63.

[88] 沈建国，沈佳坤 . 互联网金融对中小企业融资的影响研究 [J]. 现代经济信息，2019（3）：320.

[89] 沈娟，占华丽 . 我国互联网金融发展的文献综述 [J]. 经营与管理，2015（10）：105－108.

[90] 石奎，胡丹 . 网络金融创新与法律监管选择 [J]. 财经科学，2015（5）：50－60.

[91] 宋梅 . 互联网金融模式对传统银行的影响分析 [J]. 财经界（学术版），2014（5）：30－30.

[92] 宋伟，胡海洋 . 知识产权质押贷款风险分散机制研究 [J]. 知识产权，2009，19（119）：73－77.

[93] 宋新军 . 科技型中小企业知识产权融资问题分析 [J]. 中国商论，2018（8）：45－46.

[94] 苏均和 . 我国多层次资本市场的构建研究 [J]. 探索与争鸣，2010（3）：57－60.

[95] 孙杰，贺晨 . 大数据时代的互联网金融创新及传统银行转型 [J]. 财经科学，2015（1）：11－16.

[96] 孙墨琳 . 迎接互联网金融时代——对我国互联网金融行业的思考与展望 [J]. 山东社会科学，2013（S2）：77－78，102.

[97] 孙小丽，彭龙 . KMV 模型在中国互联网金融中的信用风险测算研究 [J]. 北京邮电大学学报（社会科学版），2013（6）：75－81.

[98] 汤继强. 我国小微企业融资政策研究: 基于政府的视角 [M]. 北京: 中国财政经济出版社, 2008: 26.

[99] 唐诗闻, 吕智秀. 金融创新: 势不可挡的互联网金融 [J]. 中国外资, 2014 (4): 47－48, 50.

[100] 唐雯, 陈爱祖, 饶倩. 以科技金融创新破解科技型中小企业融资困境 [J]. 科技管理研究, 2011 (7): 1－5.

[101] 陶娅娜. 互联网金融发展研究 [J]. 金融发展评论, 2013 (11): 58－73.

[102] 田慧婧. 风险投资支持的科技型中小企业价值评估 [J]. 时代金融, 2018, 694 (12): 119, 121.

[103] 王达. 影子银行演进之互联网金融的兴起及其引发的冲击——为何中国迥异于美国? [J]. 东北亚论坛, 2014 (4): 73－82, 127.

[104] 王洪生, 张玉明. 科技型中小企业云融资模式研究——基于云创新视角 [J]. 科技管理研究, 2014 (13): 76－81.

[105] 王洪生. 科技型中小企业云融资模式研究 [D]. 济南: 山东大学, 2015.

[106] 王惠萍, 龙冬, 唐嵩. 我国民间金融透析与制度构想 [J]. 软科学, 2010 (8): 145－148.

[107] 王晶晶, 段升森. 基于互联网金融的创新型中小科技企业融资问题研究 [J]. 建筑设计管理, 2018, 35 (12): 67－71.

[108] 王胜利, 曹潇. 陕西科技型中小企业知识产权质押融资模式考察 [J]. 财会月刊, 2015 (29): 88－92.

[109] 王肃元. 我国农村民间金融法律制度创新研究 [J]. 兰州学刊, 2010 (12): 97－100.

[110] 王雨夏. 我国民间金融的发展现状及对策 [J]. 时代金融, 2015 (8): 34－35.

[111] 王泽霖. 企业经营管理能力提升的对策研究 [J]. 现代商贸工业, 2019, 40 (10): 50－51.

[112] 王志礼. 全面构造企业信用机制 [J]. 开发研究, 2003 (3): 54－56.

［113］魏鹏.中国互联网金融的风险与监管研究［J］.金融论坛，2014（7）：3－9，16.

［114］文玲.科技型中小企业融资体系研究［J］.中国商论，2017（2）：30－31.

［115］吴晓求.互联网金融的逻辑［J］.中国金融，2014（3）：29－31.

［116］吴翌琳.北京科技金融服务体系的动态匹配机制［J］.中国科技论坛，2016（5）：116－122.

［117］吴悠悠.我国互联网金融：问题、前景和建议［J］.管理世界，2015（4）：170－171.

［118］武文全.我国互联网金融的发展与监管研究［J］.中国经贸导刊（中），2018（35）：36－37.

［119］肖斌卿，杨旸，李心丹，李昊骅.基于模糊神经网络的小微企业信用评级研究［J］.管理科学学报，2016，19（11）：114－126.

［120］肖明，陈嘉勇，李国俊.基于CiteSpace研究科学知识图谱的可视化分析［J］.图书情报工作，2011（6）：91－95.

［121］谢平，邹传伟，刘海二.互联网金融的基础理论［J］.金融研究，2015（8）：1－12.

［122］谢平，邹传伟，刘海二.互联网金融监管的必要性与核心原则［J］.国际金融研究，2014（8）：3－9.

［123］谢平，邹传伟.互联网金融模式研究［J］.金融研究，2012（12）：11－22.

［124］谢平.互联网金融新模式［J］.新世纪周刊，2012（24）：32－33.

［125］谢燕芳.完善互联网金融监管机制研究［D］.南昌：江西财经大学，2017.

［126］徐二明，谢广营.传统金融到互联网金融的制度变迁：相对价格与路径依赖［J］.经济与管理研究，2016，37（3）：38－45.

［127］徐洪水.金融缺口和交易成本最小化：中小企业融资难题的成因研究与政策路径——理论分析与宁波个案实证研究［J］.金融研究，2001（11）：47－53.

[128] 徐洁, 隗斌贤, 揭筱纹. 互联网金融与小微企业融资模式创新研究 [J]. 商业经济与管理, 2014 (4): 92-96.

[129] 徐静, 葛锐, 韩慧. 自媒体传播渠道对内控缺陷披露市场反应的影响研究 [J]. 审计研究, 2018 (5): 113-120.

[130] 徐能. 我国互联网金融监管存在的问题及对策研究 [J]. 商业经济, 2018 (12): 150-151.

[131] 徐清. 利率市场化下民间金融的未来 [J]. 黑龙江金融, 2015 (3): 75-78.

[132] 徐伟, 张荣荣, 刘阳, 刘鹏. 分类治理、控股方治理机制与创新红利——基于国有控股上市公司的分析 [J]. 南开管理评论, 2018 (3): 90-102.

[133] 闫真宇. 关于当前互联网金融风险的若干思考 [J]. 浙江金融, 2013 (12): 40-42.

[134] 杨慧宇, 陆岷峰. 中国网络借贷信任机制研究 [J]. 金融论坛, 2015 (1): 75-81.

[135] 杨晶昊. 我国信用增信市场的"显隐"性表现形式及去"二元化"趋势 [J]. 财经科学, 2014 (5): 55-56.

[136] 杨茂纹. 股权激励会导致经营者进行盈余管理吗 [D]. 成都: 西南财经大学, 2012.

[137] 杨智慧, 肖志源. 科技金融服务信息合作平台构建及运行研究 [J]. 科学管理研究, 2016 (2): 90-94.

[138] 于春红. 我国高新技术企业融资体系研究 [D]. 哈尔滨: 哈尔滨工程大学, 2006.

[139] 余中东. 互联网金融产业发展的地方监管研究 [J]. 管理世界, 2015 (8): 172-173.

[140] 俞林, 康灿华, 王龙. 互联网金融监管博弈研究: 以P2P网贷模式为例 [J]. 南开经济研究, 2015 (5): 126-139.

[141] 袁博, 李永刚, 张逸龙. 互联网金融发展对中国商业银行的影响及对策分析 [J]. 金融理论与实践, 2013 (12): 66-70.

[142] 张兵，孙武军. 互联网金融国家社科基金重大项目课题组，互联网金融的发展、风险与监管——互联网金融发展高层论坛综述 [J]. 经济研究，2015（11）：183 - 186.

[143] 张承惠. 新常态对中国金融体系的新挑战 [J]. 金融研究，2015（2）：13 - 19.

[144] 张福军. 共同演化理论研究进展 [J]. 经济学动态，2009（3）：108 - 111.

[145] 张光华. 互联网金融浪潮下城商行经营发展面临的问题与挑战 [J]. 吉林金融研究，2014（1）：36 - 40.

[146] 张桂丽. 浅析科技型中小企业新三板市场融资问题 [J]. 商场现代化，2018，873（12）：178 - 179.

[147] 张红英，赵丹. 基于 PDCA 循环的互联网金融企业内控体系构建 [J]. 财务与会计，2016（16）：30 - 32.

[148] 张竞. 互联网金融对传统融资模式的影响和对中小企业融资难的缓解作用 [J]. 现代经济信息，2013（16）：360.

[149] 张静祎. 略论市场经济中的信用机制 [J]. 国际关系学院学报，2009（5）：57 - 62.

[150] 张明哲. 互联网金融的基本特征研究 [J]. 区域金融研究，2013（12）：13 - 16.

[151] 张文，夏晶，张念明. 我国地方政府融资平台信用风险评估——基于 Logistic 模型 [J]. 贵州社会科学，2016（10）：151 - 157.

[152] 张晓芬，张羽. 互联网金融的发展对商业银行的影响 [J]. 兰州学刊，2013（12）：137 - 141，154.

[153] 张晓艳. 规制农村民间金融的国际经验借鉴 [J]. 管理现代化，2011（1）：58 - 60.

[154] 张孝君. 互联网金融对传统商业银行的影响及对策研究 [J]. 榆林学院学报，2018，28（6）：105 - 107.

[155] 张玉明，段升森. 中小企业成长能力评价体系研究 [J]. 科研管理，2012（7）：98 - 105.

[156] 张玉明，王春燕. 协同视角下科技型中小企业融资信用治理机制研究 [J]. 山东大学学报（哲学社会科学版），2017（1）：18 – 25.

[157] 张玉明. 小微企业互联网金融融资模式研究 [J]. 会计之友，2014（18）：2 – 5.

[158] 张玉明. 云创新理论与应用 [M]. 北京：经济科学出版社，2013.

[159] 张玉明. 中小型科技企业成长机制 [M]. 北京：经济科学出版社，2011：313.

[160] 张振鹏. 文化创意 + 农业融合发展 [M]. 北京：知识产权出版社，2019.

[161] 张正，王孚瑶，张玉明. 云创新与互联网金融生态系统构建——以阿里金融云为例 [J]. 经济与管理研究，2017，38（3）：53 – 60.

[162] 章连标，杨小渊. 互联网金融对我国商业银行的影响及应对策略研究 [J]. 浙江金融，2013（10）：31 – 33.

[163] 赵昊燕. 互联网金融时代商业银行生存发展策略研究 [D]. 太原：山西财经大学，2015.

[164] 赵昊燕. 我国互联网金融发展现状及对策研究 [J]. 物流原理，2013（12）：175 – 176.

[165] 赵琦，胡伟利. 中小企业偿债能力分析 [J]. 中国集体经济，2019（10）：84 – 85.

[166] 周宏，梁楠，付尚媛. 创业板市场：科技型中小企业重要的融资渠道 [J]. 投资研究，2008（9）：13 – 16.

[167] 朱晋川. 互联网金融的产生背景、现状分析与趋势研究 [J]. 农村金融研究，2013（10）：5 – 8.

[168] 邹新月，王建成. 企业信用等级模糊综合评判 [J]. 系统工程，2001，19（4）：72 – 75.

[169] Alan, D. Smith. Internet retail banking: A competitive analysis in an increasingly financially troubled environment [J]. Information Management & Computer Security, 2009, 17（2）：127 – 150.

[170] Alexandre Momparler, Francisco, J. Climent, Jose, M. Ballester. The

impact of scale effects on the prevailing internet-based banking model in the US [J].
Service Business, 2012, 6 (2): 177 – 195.

[171] Allam, A. Developments in Internet Financial Reporting: Review and Analysis [J]. International Journal of Digital Accounting Research, 2003, 3 (6): 165 – 199.

[172] Allen, F. "E – Finance: An Introduction" [J]. Journal of Financial Services Research, 2002, 22 (1/2): 5 – 27.

[173] Allen, N. Berger, Gregory, F. Udell. The Economics of Small Business Finance: The Roles of Private Equity and Debt Markets in the Financial Growth Cycle [J]. Journal of Banking and Finance, 1998, 22 (6 – 8): 613 – 673.

[174] Andrea, S. Kelton, Ya-wen Yang. The impact of corporate governance on internet financial reporting [J]. Journal of Accounting and Public Policy, 2007, 27 (1): 62 – 87.

[175] Andrea Seaton Kelton, Robin, R. Pennington. Internet financial reporting: The effects of information presentation format and content differences on investor decision making [J]. Computers in Human Behavior, 2012, 28 (4): 1178 – 1185.

[176] Andreev, A, Kanto, A. Conditional Value-at-risk Estimation Using Non-integer Values of Degrees of Freedom in Students t-distribution [J]. Social Science Electronic Publishing, 2005, 7 (2): 55 – 61.

[177] Anthony, F. Herbst. E – finance [J]. Global Finance Journal, 2001, 12 (2): 205 – 215.

[178] Arthur, W. Brian. Competing Technologies, Increasing Returns and Lock-in by Historical Events [J]. Economic Journal, 1989 (99): 116 – 131.

[179] Aslihan, E. Bozcuk, Sinan Aslan, S. Burak Arzova. Internet financial reporting in Turkey [J]. EuroMed Journal of Business, 2011, 6 (3): 313 – 323.

[180] Aslihan, E. Bozcuk. Internet financial reporting: Turkish companies adapt to change [J]. Managerial Finance, 2012, 38 (8): 786 – 800.

[181] Barry Smith, Aileen Pierce. An Investigation of the Integrity of Internet Financial Reporting [J]. International Journal of Digital Accounting Research,

2005, 5 (9): 47 – 48.

[182] Beene, Ryan. Study: More car buyers choose to get financing on the Internet [J]. Automotive News, 2008, 82 (6290): 18.

[183] Berglöf, Erik, and Gerard Roland. Bank restructuring and soft budget constraints in financial transition [J]. Journal of the Japanese and International Economies, 1959, (4): 354 – 375.

[184] Bogdan Victoria, Popa Dorina Nicoleta. Online Financial Reporting Disclosure Requirements Across Central and Eastern European Countries [J]. Annals of the University of Oradea: Economic Science, 2008, 3 (1): 983.

[185] Carbonell, M., José María Sierra, Lopez, J. Secure multiparty payment with an intermediary entity [J]. Computers & Security, 2009, 28 (5): 289 – 300.

[186] Ceylan Onay, Emre Ozsoz. The Impact of Internet – Banking on Brick and Mortar Branches: The Case of Turkey [J]. Journal of Financial Services Research, 2013, 44 (2): 187 – 204.

[187] Chen, C., Ibekwe – Sanjuan, F., Hou, J. The structure and dynamics of cocitation clusters: A multiple-perspective cocitation analysis [J]. Journal of the American Society for Information Science and Technology, 2010 (61): 1386 – 1409.

[188] Chen Chaomei. CiteSpace II: Detecting and Visualizing Emerging Trends and Transient Patterns in Scientific Literature [J]. Journal of the American Society for Information Science and Technology, 2006 (3): 359 – 377.

[189] Christopher, D. Allport, John, A. Pendley. The impact of website design on the perceived credibility of internet financial reporting [J]. International Journal of Intelligent in Accounting, Finance and Management, 2010, 17 (3 – 4): 127 – 141.

[190] Dandapani, K., Dandapani, K., Karels, G. V., et al. Internet banking services and credit union performance [J]. Managerial Finance, 2008, 34 (6): 437 – 446.

[191] Dara Puspitaningrum, Sari Atmini. Corporate Governance Mechanism

and the Level of Internet Financial Reporting: Evidence from Indonesian Companies [J]. Procedia Economics and Finance, 2012, 2: 157 – 166.

[192] Duncan, A. R. Agent – Based Modeling Toolkits Net Logo, Repast, and Swarm [J]. Academy of Management Learning & Education, 2005, 4 (4): 525 – 527.

[193] Dunne, T., Helliar, C., Lymer, A., et al. Stakeholder engagement in internet financial reporting: The diffusion of XBRL in the UK [J]. British Accounting Review, 2013, 45 (3): 167 – 182.

[194] E. Bonsón, V. Cortijo, T. Escobar. Towards the global adoption of XBRL using International Financial Reporting Standards (IFRS) [J]. International Journal of Accounting Information Systems, 2008, 10 (1): 46 – 60.

[195] Economides, Nicholas. The impact of the Internet on financial markets [J]. Journal of Financial Transformation, 2001, 1 (1): 8 – 13.

[196] Ehab, K. A. Mohamed, Peter Oyelere, Munther Al – Busaidi. A survey of internet financial reporting in Oman [J]. International Journal of Emerging Markets, 2009, 4 (1).

[197] Epstein, J. M. Agent-based Computational Models and Generative Social Science [J]. Complexity, 1999, 4 (5): 41 – 60.

[198] Ewald Engelen, Anna Glasmacher. Multiple Financial Modernities. International Financial Centres, Urban Boosters and the Internet as the Site of Negotiations [J]. Regional Studies, 2013, 47 (6): 850 – 867.

[199] Fawzi Laswad, Richard Fisher, Peter Oyelere. Determinants of voluntary internet financial reporting by local government authorities [J]. Journal of Accounting and Public Policy, 2005, 24 (2): 101 – 121.

[200] George, A, Gireeshkumar, G. S. IUP journal of bank management [J]. Iup Journal of Bank Management, 2012, 11 (3): 53 – 63.

[201] Georgina Bensted. Hi terrorist financing and the Internet: dot com danger [J]. Information & Communications Technology Law, 2012, 21 (3): 237 – 256.

［202］ Gilbert, N. , Bankes, S. Platforms and Methods for Agent-based Modeling ［J］. Proceedings of the National Academy of Sciences, 2002, 99 (3): 7197 – 7198.

［203］ Gilbert, N. Agent-based Social Simulation: Dealing with Complexity ［R］. Working Paper, Centre for Research on Social Simulation, University of Surrey, Guildford, UK, 2004.

［204］ Harris, Milton, and Artur Ravive. Capital structure and the informational role of debt ［J］. The Journal of Finance. 1990, 45 (2): 321 – 349.

［205］ Janzen, Daniel H. When is it coevolution ［J］. Evolution 1980, 34 (3): 611 – 612.

［206］ Jo Black N. , Lockett A. , Winklhofer H. , et al. The adoption of Internet financial services: a qualitative study ［J］. International Journal of Retail & Distribution Management, 2001, 29 (8): 390 – 398.

［207］ John, G. McNutt, Cara, B. Robinson. Policy Research on Housing and Housing Finance: Internet Resources for Studying a System in Crisis ［J］. Journal of Policy Practice, 2008, 7 (4).

［208］ Jorion, P. Risk: Measuring the Risk in Value – At – Risk ［J］. Financial Analysts Journal, 1996, 52 (6): 47 – 56.

［209］ Jung Hyun Lee, Won Gue Lim, Jong In Lim. A study of the security of internet banking and financial private information in South Korea ［J］. Mathematical and Computer Modelling, 2013, 58 (1 – 2): 117 – 131.

［210］ Kalu Ojah, Thabang Mokoaleli – Mokoteli. Internet financial reporting, infrastructures and corporate governance: An international analysis ［J］. Review of Development Finance, 2012, 2 (2): 69 – 83.

［211］ Kent Eriksson, Katri Kerem, Daniel Nilsson. Customer acceptance of internet banking in Estonia ［J］. International Journal of Bank Marketing, 2005, 23 (2).

［212］ Kirsty Best. Celebrity. com: Internet Finance and Frenzy at the Millennium ［J］. Consumption Markets & Culture, 2005.

［213］ Laurent Botti, Sabri Boubaker, Amal Hamrouni, Bernardin Solonan-drasana. Corporate governance efficiency and internet financial reporting quality ［J］. Review of Accounting and Finance, 2014, 13 (1): 43 - 64.

［214］ Lewin, A. Y. , Volberda, H. W. The future of organization studies: Beyond the selection-adaptation debate ［M］. The Oxford handbook of organization theory, 2003.

［215］ Macal, C. M. , North, M. J. Agent-based Modeling and Simulation: ABMS Examples ［C］. Proceedings of the 2006 Winter Simulation Conference, 2008, 101 - 112.

［216］ Macal, C. M. , North, M. J. Tutorial on Agent-based Modeling and Simulation Part Ⅱ: How to Model with Agents ［C］. Proceedings of the 2006 Winter Simulation Conference, 2006: 73 - 83.

［217］ Macal, C. M, North, M. J. Tutorial on agent-based modelling and simulation ［J］. Journal of Simulation, 2010, 4 (3): 151 - 162.

［218］ Malleson, N. Agent - Based Modelling of Burglary ［D］. United Kingdom: The University of Leeds, 2010.

［219］ Midgley, D. , Marks, R. , Kunchamwar, D. . Building and assurance of agent-based models: An example and challenge to the field ［J］. Journal of Business Research, 2007, 60 (8): 0 - 893.

［220］ Miguel Acosta, Jorge Sainz, Beatriz Salvador. Clicking and trading: Strategies of on-line banking in Spain ［J］. Cuadernos de Gestión, 2006, 6 (1): 101.

［221］ Mohammad Nurunnabi, Monirul Alam Hossain. The voluntary disclosure of internet financial reporting (IFR) in an emerging economy: a case of digital Bangladesh ［J］. Journal of Asia Business Studies, 2012.

［222］ Mohd Noor Azli Ali Khan, Noor Azizi Ismail. Bank Officers' Views of Internet Financial Reporting in Malaysia ［J］. Procedia - Social and Behavioral Sciences, 2012, 57: 75 - 84.

［223］ Nadine Lybaert. On - Line Financial Reporting. An Analysis of the

Dutch Listed Firms [J]. International Journal of Digital Accounting Research, 2002, 2: 195.

[224] Nelson, R. R, Winter, S. An Evolutionary Theory of Economic Change [J]. Social Science Electronic Publishing, 1982, 32 (2).

[225] Norgaard, Richard, B. Coevolutionary agricultural development [J]. Economic Development and Cultural Change, 1984, 32 (3): 525 - 546.

[226] North, M. J. , Collier, N. T. , Vos, J. R. Experiences Creating Three Implementations of the Repast Agent Modeling Toolkit [J]. ACM Transactions on Modeling and Computer Simulation, 2006, 16 (1): 1 - 25.

[227] Noseworthy John. Mayo using big data, digitized know-how to improve care and extend its reach. Interviewd by Merrill Goozner [J]. Modern healthcare, 2014, 43 (49): 26 - 27.

[228] P. Aghion, P. Bolton. An incomplete contracts approach to financial contracting [J]. Review of Economic Studies, 1992 (59): 473 - 494.

[229] Pascual, L. , Romo, J. , and Ruiz, E. Forecasting Returns and Volatilities in GAR CH Processes Using the Boot-strap, manuscript, Departamen to de Estadisticay Econometria, Universidad Carlos III de Madrid, 2001.

[230] Peter Oyelere, Fawzi Laswad, Richard Fisher. Determinants of Internet Financial Reporting by New Zealand Companies [J]. Journal of International Financial Management & Accounting, 2003, 14 (1): 38.

[231] Peter Oyelere, Nirosh Kuruppu. Voluntary internet financial reporting practices of listed companies in the United Arab Emirates [J]. Journal of Applied Accounting Research, 2012, 13 (3): 298 - 315.

[232] Philip Gerrard, J. Barton Cunningham, James F. Devlin. Why consumers are not using internet banking: a qualitative study [J]. Journal of Services Marketing, 2006, 20 (3).

[233] Philip O'Reilly, Pat Finnegan. Internet banking systems: An exploration of contemporary issues [J]. Journal of Systems and Information Technology, 2003, 7 (1/2): 93 - 110.

［234］Pooja Malhotra, Balwinder Singh. Determinants of Internet banking adoption by banks in India ［J］. Internet Research, 2007, 17 （3）: 323 –339.

［235］Pritsker, M. Towards Assessing the Magnitude of Value-at – Risk Errors Due to Erros in the Correlation Matrix ［N］. Financial Engineering News, 1997 （10/11）.

［236］Railsback, S. F., Lytinen, S. L., Jackson, S. K. Agent-based Simulation Platforms: Review and Development Recommendations ［J］. Simulation, 2006, 82 （9）: 609 –623.

［237］Ray, Carolyn. S., et al. Effects of Obesity on Respiratory Function ［J］. American Review of Respiratory Disease, 1983, 128 （3）: 501 –506.

［238］Richard, B. Dull, Allan, W. Graham, Amelia, A. Baldwin. Web-based financial statements: hypertext links to footnotes and their effect on decisions ［J］. International Journal of Accounting Information Systems, 2003, 4 （3）: 185 –203.

［239］Roger Debreceny, Glen, L. Gray, Asheq Rahman. The determinants of Internet financial reporting ［J］. Journal of Accounting and Public Policy, 2002, 21 （4）: 371 –394.

［240］Sasongko Budisusetyo, Luciana Spica Almilia. Internet financial reporting on the web in Indonesian: not just technical problem ［J］. International Journal of Business Information Systems, 2011, 8 （4）: 380.

［241］Sekhon, H., Lifen Zhao, A., Koenig – Lewis, Nicole, et al. Adoption of internet banking services in China: is it all about trust? ［J］. International Journal of Bank Marketing, 2010, 28 （1）: 7 –26.

［242］Small, H. The synthesis of specialty narratives from cocitation clusters ［J］. Journal of the American Society for information Science, 1986 （37）: 97 –110.

［243］Smith, J. M. Did Darwin Get It Right?: Essays on Games, Sex and Evolution ［M］. Springer, US, 1988.

［244］Stiglitz. J. E, Weiss A. Credit Rationing in Markets with imperfect Information ［J］. American Economic Review, 1981, 17 （3）: 393 –410.

［245］Tariq, H. Ismail, Nermeen M. Sobhy. Determinants of auditors' perceptions of the work needed in the audit of internet-based financial reports in Egypt [J]. Journal of Applied Accounting Research, 2009, 10.

[246] T. Ramyah, Fauziah Md. Tahib, Koay Pei Ling. Classifying Users and Non-users of Internet Banking in Northern Malaysia [J]. Journal of Internet Banking and Commerce, 2006, 11 (2).

[247] Troisi, A., Wong, V., Ratner, M. A. An Agent – Based Approach for Modeling Molecular Self – Organization [J]. Proceedings of the National Academy of Sciences, 2005, 102 (2): 255 – 260.

[248] Volberda, Henk W., Arie Y. Lewin. Co-evolutionary dynamics within and between firms: From evolution to co-evolution [J]. Journal of management studies, 2003, 40 (8): 2111 – 2136.

[249] Weston. J. F, Brigham. E. F. Managerial Finance [M]. New York: Dry den press, 1970.

[250] Wooldridge, M., Jennings, N. R. Intelligent Agents: Theory and Practice [J]. Knowledge Engineering Review, 1995, 10 (2): 115 – 152.